NAZARÉ DA COSTA CABRAL
Professora da Faculdade de Direito de Lisboa

CONTRIBUIÇÕES
PARA A SEGURANÇA SOCIAL

Natureza, Aspectos de Regime e de Técnica
e Perspectivas de Evolução num Contexto de Incerteza

CONTRIBUIÇÕES PARA A SEGURANÇA SOCIAL

AUTORA
NAZARÉ DA COSTA CABRAL

EDITOR
EDIÇÕES ALMEDINA, SA
Av. Fernão Magalhães, n.º 584, 5.º Andar
3000-174 Coimbra
Tel.: 239 851 904
Fax: 239 851 901
www.almedina.net
editora@almedina.net

DESIGN DE CAPA
FBA.

PRÉ-IMPRESSÃO
G.C. – GRÁFICA DE COIMBRA, LDA.
producao@graficadecoimbra.pt

IMPRESSÃO
PAPELMUNDE, SMG, LDA.
Novembro de 2010
Depósito legal n.º 319425/10

Os dados e as opiniões inseridos na presente publicação
são da exclusiva responsabilidade do(s) seu(s) autor(es).

Toda a reprodução desta obra, por fotocópia ou outro qualquer
processo, sem prévia autorização escrita do Editor, é ilícita
e passível de procedimento judicial contra o infractor.

Biblioteca Nacional de Portugal – Catalogação na Publicação

CABRAL, Nazaré da Costa

Contribuições para a Segurança Social : natureza, aspectos de regime e de técnica e perspectivas de evolução num contexto de incerteza. – (Cadernos IDEFF)
ISBN 978-972-40-4376-0

CDU   364

*Para os meus filhos
Maria Luísa,
Manuel Santiago,
Miguel Cassiano e
António Maria
(este que está quase a nascer)*

Prólogo

A elaboração deste trabalho prolongou-se por alguns anos, mais do que desejaríamos. Ele teve que ser, por diversas vezes, repensado e modificado em face das sucessivas alterações de circunstâncias: a aprovação em primeiro lugar da nova Lei de Bases da Segurança Social e do novo regime jurídico das pensões de velhice e de invalidez (em 2007), depois a criação do novo regime público de capitalização (em 2008), de seguida, a aprovação do novo Código Contributivo da Segurança Social (em 2009), por fim, a sua suspensão (durante o ano de 2010)[1].

---

[1] Esta suspensão foi determinada pela Lei n.º 119/2009, de 30 de Dezembro, que definiu como (nova) data da entrada em vigor, o dia 1 de Janeiro de 2011 (ao invés do inicialmente fixado no Código Contributivo – CC, o dia 1 de Janeiro de 2010). As normas transitórias constantes do Código passaram a ter, por sua vez, como ponto de referência o ano de 2011. O artigo 2.º desta mesma Lei prevê ainda que a entrada em vigor do Código seja precedida de reunião da Comissão Permanente de Concertação Social. Perante isto, podemos imaginar as seguintes hipóteses: *i)* que, como está previsto na Lei n.º 119/2009, o CC entre em vigor a 1 de Janeiro de 2011, sem alterações substanciais e apenas com deferimento, por um ano, de todas as datas previstas nas disposições transitórias, relativas ao valor das novas taxas e formas de incidência; *ii)* que, na sequência da discussão em sede de concertação social (e/ou do debate político subsequente), resultem alterações substanciais ao CC; *iii)* que, em resultado dessa mesma discussão, se opte por adiar, por mais algum tempo, a entrada em vigor do Código. A situação económica e financeira do país e a ponderação dos interesses político-partidários ditarão, nessa altura, a resposta. Põe-se ainda a questão de saber se o CC é *"self-executing"* ou se a sua entrada em vigor fica dependente da aprovação e entrada em vigor da regulamentação a que se refere o artigo 4.º da Lei n.º 110/2009, de 16 de Setembro (Lei que aprova o CC).

Esta é de resto, cada vez mais, uma característica da legislação de segurança social: a sua permanente mutabilidade e constante adaptação às novas realidades e vicissitudes. Em primeiro lugar, as vicissitudes da conjuntura económica, tornando especialmente volátil não apenas a legislação contributiva, mas também certa legislação "prestacional". É o que sucede especialmente com a legislação sobre a protecção no desemprego, a qual, tradicionalmente, se torna mais generosa em momentos de recessão[2]. Os mecanismos de apoio ao desemprego, qualificados no modelo keynesiano como estabilizadores automáticos da economia, sofrem pois desse reforço de intensidade: o regime jurídico nunca é um dado fixo e imutável; logo, as variações do subsídio no desemprego nunca são inteiramente uma resposta automática às flutuações da conjuntura. Uma boa parte dessa resposta é ditada por alterações (discricionárias?) do regime jurídico, que acentuam aqueles que já são os seus efeitos, *naturalmente,* anti-cíclicos.

Em segundo lugar, a legislação de segurança social é hoje e cada vez mais condicionada pela "questão" demográfica. O tema

---

[2] No preâmbulo da mais recente alteração ao regime da protecção no desemprego, aprovada pelo Decreto-Lei n.º 324/2009, de 29 de Dezembro, afirma-se o seguinte: «Os reflexos da actual conjuntura económica no mercado de emprego têm determinado o aumento do número de trabalhadores sem emprego, admitindo-se a prevalência de níveis de desemprego significativos ainda durante o próximo ano. Torna-se assim imperioso por razões de justiça social reforçar a protecção social dos trabalhadores e das suas famílias através de criação de medidas que facilitem o acesso ao subsídio de desemprego e permitam alargar o universo de trabalhadores desempregados com acesso à protecção social garantida pelo sistema de segurança social». E o diploma concretiza depois a redução do prazo de garantia, o que permite justamente alargar o espectro de protecção no desemprego.

já não é novo: remontam sobretudo aos anos noventa do século passado os estudos e modelos mais importantes que, associando a informação demográfica ao funcionamento do sistema de repartição, chamaram a atenção para os efeitos negativos resultantes da elevação da esperança média de vida, da diminuição da natalidade e do aumento do rácio de dependência, sobre a sustentabilidade financeira do sistema de repartição. Destes mesmos estudos resultaram ainda propostas de modelos alternativos, ainda que, como traço comum, deles resultasse a defesa da (re)introdução do princípio da capitalização individual[3]. Com a mudança de milénio, a questão aparece ainda mais dramatizada: a discussão em torno da sustentabilidade da segurança social expandiu-se e alargou-se às finanças públicas em geral – deu lugar ao tema da *sustentabilidade das finanças públicas*. Essas áreas relevantes nas finanças públicas são, desde logo, a orçamentação pública (Chalk e Hemming, 2000, Heller, 2003, OECD, 2002) e também as políticas sectoriais, ou seja, além da segurança social, a saúde, os cuidados continuados na terceira idade, a educação, etc. Trata-se pois de avaliar e estudar os factores que apresentem uma relevância intertemporal ou intergeracional, sendo estes não apenas a demografia (embora esta continue a evidenciar-se), mas também a questão ambiental, a globalização, etc. (assim, Heller, 2003, p. 10 ss.).

A crise económica e financeira originada em 2007-2008, acentuada nos últimos meses pelo agravamento da dívida soberana em certos países europeus e pela elevação do grau de risco das respectivas economias (o caso português é uma delas), coloca a todos um grande desafio, o de serem capazes, em simultâneo, de resolver esse seu problema conjuntural e de garantir a sustentabilidade de longo prazo das finanças públicas. No ime-

---

[3] Destacamos Auerbach, Gokhale e Kotlikoff (1994), Haveman (1994) e Buiter (1997).

diato e reiterando o que antes dissemos, parece sugerir-se o reforço da intensidade dos estabilizadores automáticos, por exemplo, tornando a legislação no desemprego mais generosa em períodos de crise e menos protectora em fases favoráveis do ciclo (sobre o assunto, Spilimbergo, Symansky, Blanchard e Cottarelli, 2008 e Andersen, 2009). Se aos países com uma situação financeira de curto e longo prazo mais favorável (ou seja, com défices não excessivos e dívida pública "suportável"), parece ser possível manter este tipo de apoios enquanto tal se justifique, em relação a outros porém – como Portugal – verifica-se não existir *espaço orçamental* (Heller, 2005) suficiente, capaz de acomodar, por muito tempo, pacotes de estímulo orçamental, em favor de empresas e dos trabalhadores, ou das famílias. Isto mesmo explica que, entre nós, não só não se tenham mantido, com o Orçamento para 2010, diversas medidas excepcionais de apoio aprovadas com o Orçamento Suplementar de 2009[4], como também tenhamos recentemente assistido, no âmbito da revisão do programa de estabilidade e crescimento (2010-2013), a algumas importantes medidas de *"retrenchement"* na área da protecção social. Exemplo disto mesmo foi a aprovação do Decreto-Lei n.º 70/2010, de 16 de Junho. Aqui se afirma, em sede preambular, fazer «parte integrante desse conjunto de medidas que visam conter de forma sustentada o crescimento da despesa

---

[4] Este orçamento suplementar havia criado o "Programa Iniciativa para o Investimento e Emprego" (PIIE), que integrava cinco tipos de medidas de apoio excepcionais: *i)* modernização das escolas; *ii)* promoção das energias renováveis, da eficiência energética e das redes de transporte de energia; *iii)* modernização da infra-estrutura tecnológica (redes de banda larga de nova geração); *iv)* apoio especial à actividade económica, exportações e pequenas e médias empresas; *v)* apoio ao emprego e reforço da protecção social. Como o Orçamento do Estado para 2010, algumas foram abandonadas, de entre elas, justamente as medidas de apoio ao emprego e de reforço da protecção social.

pública, a redefinição das condições de acesso aos apoios sociais». Pretende-se que estas condições sejam não apenas mais apertadas, como também gerais e uniformes para todos os apoios financiados por transferências do Orçamento do Estado, ou seja, através do esforço fiscal de todos os contribuintes.

A situação portuguesa é, aliás, reveladora daquela que parece ser uma mudança de orientação nas organizações internacionais e na União Europeia, expressa nos documentos que vêm produzindo nos últimos meses (EC, 2009, OECD, 2010): transitou-se das ideias de permissividade e de reversibilidade, segundo as quais as medidas de apoio deveriam ser permitidas enquanto necessárias e apenas abandonadas quando a situação económica o justificasse, à ideia de restabelecimento imediato de uma trajectória de disciplina e de sustentabilidade orçamentais, independentemente da maior ou menor fragilidade da situação económica em causa e ainda que correndo o risco da pró-ciclicidade (sobre o assunto ainda, Auerbach e Gale, 2009, Hannoun, 2009, Padoan, 2009, Reischauer, 2009). O Pacto de Estabilidade e Crescimento que parecia ter sido transitoriamente suspendido pelos responsáveis europeus, na primeira metade do ano de 2009, a ponto de se voltar a questionar a sua sobrevivência, parece desde então ter ganho uma nova vida e recupera a sua missão de instrumento rígido e implacável da supervisão multilateral das finanças públicas dos Estados membros.

A actual crise económica e financeira e a situação de incerteza que ela provoca se, por um lado, fragiliza, do ponto de vista financeiro, as contas da segurança social (agravando despesa com a subsidiação no desemprego e reduzindo a colecta de receita), por outro lado, torna ainda mais instável o edifício normativo da segurança social, aumentando o sentimento de insegurança jurídica, de que padecem as empresas e os trabalhadores, mas também a própria segurança social. O CC sofre, por causa da actual situação económica e das finanças públicas, dessa incerteza quanto ao seu futuro próximo. Quando surgiu, apresentava, como grande vantagem, o facto de se tratar de um corpo normativo integrado, sistematizado, coerente – que não exagerava ao exibir o nome "Código". As soluções nele contidas tornaram-se rapidamente conhecidas e debatidas; as suas consequências, para trabalhadores e empregadores, foram sinalizadas; nas empresas e consultoras, fizeram-se formações, avaliaram-se implicações contabilísticas, jurídicas e financeiras; na segurança social, iniciou-se a sua regulamentação... Uma vez suspenso (e suspensa também a sua regulamentação), a indefinição instalou-se nos diversos sectores abrangidos e teme-se que as soluções a encontrar não sejam as mais satisfatórias. Com efeito, no actual momento e a pretexto das suas implicações sobre a competitividade das empresas, sobre a empregabilidade e sobre a estabilidade laboral, o país arrisca-se a receber um código partido, parcelar, de aplicação temporal diferenciada, um código que deixará de ser um código.

Pesem embora a importância e impacto da crise económica e financeira sobre as finanças públicas e sobre as diferentes políticas sectoriais (de entre elas a segurança social), por razões de interesse analítico e dogmático, seremos obrigados, durante uma boa parte do trabalho, a ignorar estes mesmos factores conjunturais, a afastar a "espuma dos dias" que correm, procurando identificar tão-só as características mais consistentes (que não imutáveis) que, depois, nos ajudarão a compreender e a qualificar as contribuições para a segurança social. Essa compreensão reclama enquadramento histórico e reclama integração das contribuições no universo mais vasto da segurança social, prestações incluídas.

Paralelamente, ao longo do trabalho, assumiremos como fio condutor estável, que nos guiará sempre, o fio da "fiscalidade", procurando proceder à inserção ou contraposição das contribuições sociais – figura jus-tributária, tão rica quanto complexa –, no ou ao universo dos impostos, e à transposição para elas do discurso e da técnica fiscais. É a esta luz que procuraremos pois compreender as contribuições para a segurança social.

O estudo divide-se em três Capítulos. O Capítulo I, intitulado "Enquadramento das contribuições para a segurança social e sua definição", desdobrar-se-á em três pontos de enquadramento (económico-financeiro, histórico e jurídico) e culmina com uma proposta de definição das contribuições sociais e sua qualificação jurídica. No Capítulo II, referente ao "Regime jurídico das contribuições", levaremos em consideração a legislação que ainda se mantém em vigor, mas também as novidades previstas resultantes do Código Contributivo. Finalmente, o Capítulo III dá conta das principais "Perspectivas de evolução no domínio das contribuições sociais", em especial: *i)* o alargamento da base de incidência contributiva e a tributação de outros factores para além do trabalho; *ii)* das mudança de paradigma em matéria contributiva e prestacional, especialmente a que ditou a substituição de propostas de reforma estrutural a alterações paramétricas nos sistemas públicos de pensão; *iii)* a questão da integração do sistema de cobrança da segurança social no sistema de cobrança fiscal, tendo em conta os modelos teóricos mais importantes e algumas experiências internacionais. Algumas destas propostas ou perspectivas não sendo propriamente recentes assumem, hoje, no contexto actual, interesse acrescido.

Segue-se o Epílogo. A questão a que então procuraremos responder é a de saber em que medida os tais elementos de estabilidade, não manifestamente circunstanciais e que permitiram fazer das contribuições sociais o que elas hoje são, se arriscam a ser contraditados ou, pelo contrário, confirmados pelas circunstâncias actuais. Trata-se de saber em que medida esta figura que, ao longo dos anos, se tem afastado, ainda que de forma não totalmente linear, da sua matriz genética contributiva/comutativa, para se aproximar de uma feição mais notoriamente fiscal, não verá esses traços, hoje, acentuados, por causa da conjuntura de crise, mas também por causa das novas e re-calibradas exigências (que são estruturais) de sustentabilidade de longo prazo das finanças públicas. Reabilitaremos então e só então os factores que agora ficam em suspenso. A questão decisiva, à qual, nesse momento, ensaiaremos uma reposta é esta: o actual contexto de crise e o desiderato renovado da sustentabilidade favorecem ou não a solução fiscal?

Posto isto, resta-nos um agradecimento e uma homenagem. O agradecimento é dirigido às Drs. Teresa Fernandes e Noémia Goulart, pela informação estatística disponibilizada e pela disponibilidade permanente que sempre tiveram para esclarecer dúvidas ou problemas. Os aspectos menos claros ou dubitativos que, ainda assim, subsistam são da nossa exclusiva responsabilidade.

Depois, tratando-se este de um texto que cruza o Direito da Segurança Social com o Direito Fiscal e no qual se fala do futuro da Segurança Social, não poderíamos deixar de prestar, ainda que singelamente, uma homenagem ao Professor Doutor Rogério Fernandes Ferreira, um dos mais qualificados e ilustres fiscalistas do nosso país. Fica-nos a lembrança da sua imensa capacidade de trabalho, humildade e seriedade intelectual. Talvez por causa destas suas qualidades ímpares – que devem constituir um exemplo para todas as gerações – não cultivou sentimentos negativos, nem a desesperança que infelizmente abunda. Antes pelo contrário: propôs-nos, nos seus escritos, uma mensagem de grande humanismo, por isso mesmo também, uma mensagem de optimismo sério e empenhado em relação ao futuro.

Num desses textos, intitulado *Suportar as reformas dos idosos*[5], não se deixou assustar pelas previsões mais negativas e trouxe-nos à razão. A propósito dos desafios colocados nos processos de reforma da segurança social e da necessidade de preservar, neles, o valor da solidariedade intergeracional, escrevia que assim os mais novos poderiam «... retribuir os "legados" que as gerações anteriores lhes deixaram. Alta produtividade, meios tecnológicos, cultura, riqueza, património e demais meios existentes vão sendo passados de geração para geração. A riqueza criada e deixada pelos que nos antecederam e também por nós próprios constitui, afinal, a verdadeira sustentação dos reformados (...), reconhecendo-se, todavia, o grande interesse do afloramento destas questões, ponderando encargos futuros e formas adequadas de o satisfazer. Tarefa gigantesca, desafiante, à altura das novas gerações – mais cultas, mais aptas e dispondo de mais instrumentalidade».

Lisboa, Julho de 2010.

---

[5] Diário de Notícias, de 14 de Agosto de 2000.

Capítulo I
Enquadramento das contribuições para a segurança social e sua definição

1. **Enquadramento económico-financeiro: as contribuições sociais como fonte de financiamento da Segurança Social**

1.1. *A idiossincrasia financeira da Segurança Social: consequências nos planos operacional e da metalinguagem*

A Segurança Social portuguesa, fazendo embora parte do Sector Público Administrativo, com todas as consequências que isso tem nos planos orçamental, financeiro e contabilístico, exibe ainda as marcas da sua independência de outrora e herdou de então – do Previdencialismo do Estado Novo – as especificidades que fazem dela ainda hoje um universo singular de receita e de despesa públicas.

A nível orçamental, o caminho tem sido o da aproximação entre o ainda denominado Orçamento da Segurança Social e o Orçamento do Estado (sobre a matéria, veja-se Santos (2000) e Cabral (2005)). Desde logo, com a integração daquele neste, ocorrida em 1984 na sequência da revisão constitucional de 1982. Depois, mais recentemente, com a aprovação da Lei de Enquadramento Orçamental – LEO (Lei n.º 91/2001, de 20 de Agosto e suas alterações), que veio ditar, desde logo no plano da especificação orçamental, a aplicação *pura e simples* às receitas e despesas da Segurança Social das classificações económica, funcional, por programas e eventualmente orgânica, as quais presidem à discriminação de todas as outras receitas e despesas do Estado. Deste modo, se pôs cobro à velha forma de revelar e apresentar a situação orçamental da segurança social (o Mapa

X, nos termos da anterior Lei de Enquadramento do Orçamento do Estado, Lei n.º 6/91, de 20 de Fevereiro) e que se traduzia em identificar as receitas e as despesas a partir de dois critérios muito próprios, por um lado o dos objectivos do Sistema, por outro o das suas populações-alvo ("crianças", "idosos", "famílias", etc.).

No entanto, pela tradição histórica e por necessidade, o "especialismo" orçamental resiste. Se já não para o efeito do conteúdo da Lei do Orçamento do Estado (OE), pois que essa obedece à estrutura imposta pelos artigos 27.º e 32.º da LEO, pelo menos aquando da apresentação aos deputados da proposta de Lei do Orçamento, a especificidade é ainda patente. Na verdade, a proposta de Lei do OE faz-se acompanhar de um conjunto de elementos informativos, de que se vem destacando justamente e agora nos termos da nova Lei de Bases do Sistema de Segurança Social, LBSS (Lei n.º 4/2007, de 16 de Janeiro), a especificação de receitas e de despesas baseada num critério próprio, a saber, o da prossecução dos objectivos do Sistema de Segurança Social e o das modalidades de protecção social, associadas, por sua vez, a cada um dos sistemas e subsistemas em que aquele se estrutura (n.º 3 do artigo 93.º da LBSS). A insistência em apresentar a informação orçamental sobre a segurança social desta forma e a importância que continua a assumir resulta, como se disse, de uma necessidade: os deputados da Assembleia da República e a comunicação social compreendem melhor a informação, exposta segundo esta "lógica", do que a informação facultada, por exemplo, através da classificação económica. Aquela dá-nos a informação dos receitas e despesas associadas a modalidades de protecção social: por exemplo, quanto no sistema previdencial se obtém com contribuições sociais e quanto se gasta em "pensões", "prestações no desemprego", "doença", etc.. Esta, agregando de um lado (ainda que para desagregar) as receitas e despesas correntes e do outro as de capital, pouco esclarece a este nível sobre o "estado de coisas" dos diferentes sistemas que compõem a Segurança Social.

De igual modo nos planos da tesouraria e contabilístico, a especialidade subsiste. Não obstante a LEO garantir a existência de uma tesouraria única do Estado, também é verdade que salvaguarda desde logo as responsabilidade e autonomia do Instituto de Gestão Financeira enquanto "tesoureiro" da Segurança Social (cf. n.º 1 e 4 do artigo 48.º da LEO). Por seu turno, a contabilidade da Segurança Social faz-se segundo Plano contabilístico específico (o Plano Oficial de Contabilidade da Segurança Social – POCISS), constante aliás de diploma legislativo próprio (Decreto-Lei n.º 12/2002, de 25 de Janeiro).

Em suma, pode afirmar-se que a Segurança Social ostenta ainda, porque necessita ostentar, as suas diferenças perante o restante sector público. Por isso, a orçamentação das suas receitas e despesas, ainda que fazendo-se em obediência à LEO, não deve desatender à LBSS: àquilo que é a estrutura ou arquitectura do Sistema; àqueles que são os objectivos genéricos e específicos dos sistemas que o compõem; àquelas que são as modalidades de protecção social; às formas e fontes específicas de financiamento do sistema; enfim, às suas prestações e outras formas de realização. A leitura da situação orçamental e financeira do Sistema compadece-se pois mal com as classificações padronizadas de acordo com as quais os Orçamentos do Estado devem moldar-se; reclama um complemento de especificação que espelhe aquela que é a realidade do Sistema. Tal especificação serve-se de linguagem e de discurso próprios: "objectivos", "modalidades de protecção", "populações-alvo", "prestações". E é esta que parece verdadeiramente importar.

Mas, como veremos, a idiossincrasia da Segurança Social faz-se sentir também a outros níveis. O que mais nos interessará reside no modo como a *contribuição social* (a principal fonte de financiamento do Sistema de Segurança Social) é concebida e tratada: uma figura tributária difusa e ambivalente, cuja natureza jurídica parece não importar aclarar, pois que *ela é agora como sempre* a contribuição para a Segurança Social e isso diz tudo. Diz tudo quanto à sua "para"-fiscalidade que a tem colocado *comodamente*, ao longo de décadas, no limbo do "terceiro género tributário"[6], facilitando a dogmática e a análise jurídicas.

1.2. *O financiamento da Segurança Social: importância relativa das contribuições sociais e perspectivas de evolução (papel do princípio da adequação selectiva)*

Como se disse, as contribuições sociais constituem a principal fonte de financiamento do Sistema de Segurança Social. Simplesmente, por força da aplicação do princípio da adequação selectiva, elas encontram-se afectas primacialmente ao financiamento das despesas do sistema previdencial. Na verdade, de acordo com a nova LBSS, o sistema encontra-se agora estruturado e dividido em três sistemas, o **sistema de protecção social de cidadania** (que se decompõe nos subsistemas de acção social, de solidariedade e familiar), o **sistema previdencial** e o **sistema complementar**[7]. E não há dúvida que, por razões

---

[6] Acolhido, entre nós, como veremos, na Constituição, após a revisão de 1997.

[7] O **sistema de protecção social de cidadania** tem por objectivos garantir direitos básicos dos cidadãos e a igualdade de oportunidades, bem como promover o bem-estar e coesão sociais. Ele inclui, em primeiro lugar, o **subsistema de acção social**, cujos objectivos centrais são os da reparação e prevenção de situações de carência e desigualdade sócio-económica, de dependência, de disfunção e de vulnerabilidade sociais, designadamente

históricas e pela sua expressão e dimensão financeiras, o sistema previdencial ocupa lugar de evidência; em certo sentido, ele é âmago da protecção social no nosso país.

Visto isto e regressando ao princípio da adequação selectiva, importa recordar que ele consiste, nos termos do artigo 89.º da nova LBSS, «na determinação das fontes de financiamento e na afectação dos recursos financeiros, de acordo com a natureza e o os objectivos das modalidades de protecção social definidas

---

de crianças, jovens, pessoas com deficiência e idosas, bem como a integração e promoção comunitárias das pessoas e desenvolvimento das respectivas capacidades. A sua concretização faz-se sobretudo mediante o desenvolvimento de um conjunto de serviços e equipamentos sociais, bem como de programas de combate à pobreza, disfunção e marginalização sociais. Em segundo lugar, o sistema de protecção social de cidadania integra o **subsistema de solidariedade** que visa assegurar, a partir de um princípio de solidariedade nacional, direitos essenciais de forma a prevenir e erradicar as situações de pobreza e exclusão e garantir prestações em situações de comprovada necessidade pessoal ou familiar, não incluídas no sistema previdencial. E, de facto, este subsistema garante a atribuição aos beneficiários, desde que cumprindo condições de residência e de recursos, de prestações de carácter não contributivo, num conjunto de eventualidades sociais, a saber, falta ou insuficiência de recursos económicos dos indivíduos e dos agregados familiares, invalidez, velhice e morte e situações de insuficiência dos rendimentos de trabalho ou da carreira contributiva dos beneficiários. Finalmente, este sistema integra o **subsistema de protecção familiar** que tem por objectivo assegurar a compensação de encargos familiares, garantindo o pagamento de prestações nesta eventualidade e, bem assim, nas situações de dependência e de deficiência. O **sistema previdencial** visa garantir, na base de um princípio de solidariedade de base laboral, prestações pecuniárias substitutivas de rendimentos de trabalho perdido em consequência da verificação das eventualidades legalmente definidas (doença, parentalidade, desemprego, acidentes de trabalho e doenças profissionais, invalidez, velhice e morte). Por último, o **sistema complementar**, marcado pela sua natureza facultativa (nomeadamente no que diz respeito à adesão) concretiza-se num regime público de capitalização e em regimes complementares de iniciativa colectiva e individual.

na presente lei e com as situações e medidas especiais, nomeadamente as relacionadas com as políticas activas de emprego e formação profissional». Este princípio, reclamado entre nós na sequência na elaboração do Livro Branco da Segurança Social (1998)[8], como forma de assegurar o rigor e a boa gestão financeira da Segurança Social e de obviar, de uma vez por todas, às situações de incumprimento pelo Estado das suas obrigações no tocante ao financiamento da segurança social (e que já resultavam da LBSS de 1984, relativamente ao financiamento da Acção Social e do regime não contributivo), insere-se numa preocupação mais vasta e importante – a de adequar funcionalmente as formas de financiamento às respectivas modalidades de protecção social. Como nos esclareceu NEVES (2003), foi esta preocupação que esteve subjacente à proposta feita nos anos oitenta pelo especialista da OIT, Guy Perrin, de concepção da *lógica funcional de financiamento*[9].

---

[8] Foi consagrado, pela primeira vez, na LBSS de 2000 (a Lei n.º 17/2000, de 8 de Agosto).

[9] Para quem, portanto, as modalidades de financiamento a utilizar nos sistemas de segurança social não deveriam resultar de opções casuísticas ou arbitrárias, mas de decisões ajustadas de forma coerente e lógica à natureza das funções prosseguidas pelos regimes públicos. Nesse sentido, deveriam ser financiadas por contribuições sobre salários as prestações destinadas a compensar a perda de remunerações do trabalho (função de compensação de rendimentos profissionais). Pelo contrário, deveriam ser financiadas por transferências das receitas gerais do Estado, ou seja, pela fiscalidade, as prestações compensatórias de encargos como as prestações familiares e os cuidados de saúde (função de compensação de encargos), bem como as prestações de garantia de rendimentos mínimos (função de garantia de rendimentos sociais). Ainda, Neves, 2003, pp. 243 e 244. Como nos explica, por outro lado, Maia (1997a), a razão de ser para a confusão entre fontes de financiamento da segurança social que, durante largos anos se fez sentir, aqui como lá fora, deveu-se ao facto de o processo de estruturação dos modernos sistemas de segurança social se ter consolidado à revelia de soluções

A concretização do princípio da adequação selectiva faz-se hoje, depois, no artigo 90.º da LBSS (desenvolvido pelo Decreto-Lei n.º 367/2007, de 2 de Novembro), que estabelece duas formas de financiamento do sistema de protecção social, diferentes consoante os sistemas e respectivas modalidades de protecção social:

 a) Em primeiro lugar, o financiamento do sistema de protecção social de cidadania através de transferências do Orçamento do Estado e por consignação de receitas fiscais;
 b) Em segundo lugar, o financiamento das prestações substitutivas de rendimentos de actividade no âmbito do sistema previdencial e, bem assim, das políticas activas de emprego e formação profissional, através de contribuições sociais.

Pela sua razão de ser histórica e utilidade – como se disse, a necessidade de garantir que o Estado cumpra a suas responsabi-

---

inovadoras quanto ao modo do seu financiamento. E esclarece depois: «Este evidente atavismo congénito – que é hoje um dos factores com maior peso no quadro das dificuldades com que se debatem os sistemas de segurança social – é largamente explicável à luz da ausência de visão unívoca, quanto ao método de financiamento, de três grandes fontes inspiradoras das concepções que passariam a presidir a um crescente número de sistemas de segurança social, depois da II Guerra Mundial: – o Relatório Beveridge, de 1942; a Recomendação n.º 67 da OIT (1944), sobre a garantia de meios de existência; – a Recomendação n.º 69 da OIT (1944), sobre os cuidados médicos.» (pp. 19 e 20). As novas exigências funcionais em matéria de protecção social, resultantes destes três importantes instrumentos, não foram acompanhadas na devida clarificação no plano do financiamento. Tendo em conta o "sincretismo financeiro" daqui resultante, Guy Perrin foi precursor na elaboração de uma doutrina financeira aplicável à segurança social, assente pois numa lógica institucional que procure uma compatibilização entre as funções essenciais dos sistemas de segurança social e as responsabilidades financeiras dos trabalhadores e respectivas entidades empregadoras e do Estado (*idem*, p. 26).

lidades em matéria de financiamento de uma parte da protecção social –, poder-se-á afirmar que o princípio da adequação selectiva tem um significado unidireccional. Quer isto dizer que se é certo que ele pretende evitar que as contribuições sociais (fonte de financiamento primacial das prestações garantidas no sistema previdencial) sejam "desviadas" para financiar – como sucedeu no passado – as despesas com as prestações de natureza não contributiva e assentes num princípio de solidariedade nacional (o caso, das prestações e apoios na área da Acção Social e do subsistema de solidariedade[10]), já a inversa é questionável. Pois que, se é verdade que o n.º 1 do artigo 90.º da LBSS manda financiar o sistema de protecção social de cidadania por transferências do OE e por consignação de receitas fiscais, isso não quer (não pode significar) que estas mesmas fontes de financiamento não possam ser utilizadas para financiar o sistema previdencial, especialmente se e quando a situação financeira deste o reclamar. Defender o contrário significaria aceitar que o Estado, enquanto tal, se mantivesse totalmente alheio e não responsável perante a protecção social garantida no sistema previdencial (que é um sistema público) – *i.e.*, perante a protecção na ocorrência dos riscos sociais –, designadamente em situações de dificuldade financeira ou de défice deste! Esta ideia aparece, de resto, concretizada no Decreto-Lei n.º 367/2007, no qual se prevê, de forma expressa que, sem prejuízo das receitas próprias do sistema previdencial (elencadas no n.º 1 do artigo 14.º), podem ser efectuadas, em favor deste sistema, transferências do OE e, bem assim, do Fundo de Estabilização Financeira da Segurança Social, sempre que a sua situação financeira o justifique (cf. n.º 3).

---

[10] Que inclui desde logo o regime não contributivo.

Pode, por outro lado, apontar-se uma outra grande utilidade ao princípio da adequação selectiva: a de permitir analisar e avaliar a situação financeira do sistema, confrontando de um lado as receitas de cada componente desse sistema e do outro as despesas a que aquelas legalmente se destinam, impedindo análises em bloco que, entre nós, no passado, determinaram leituras menos avisadas sobre o estado financeiro da Segurança Social (sobre o assunto, Neves, 1998). Isto é especialmente importante no que diz respeito ao sistema previdencial que, como se disse, é a principal componente financeira do sistema de Segurança Social. A avaliação da sua situação, presente e futura, pressupõe que se confrontem aquelas que são as suas receitas (as das contribuições sociais) com as suas despesas e *apenas com estas*[11]. Não com as despesas das outras componentes da Segurança Social (*maxime* as despesas do sistema protecção social de cidadania) cujo financiamento está, nos termos acima descritos, cometido directa ou indirectamente ao Estado. Se é verdade que estas não são despiciendas e merecem atenção dos poderes públicos (num quadro financeiro que, como se sabe, é cada vez mais o da contenção do crescimento da despesa pública), também não é menos verdade que os "temas" da sustentabilidade da Segurança Social e da reforma da Segurança Social estão sobretudo centrados no sistema previdencial (e designadamente nas *suas* pensões de velhice), enquanto sistema de repartição que é.

---

[11] Estas são sobretudo as despesas com as prestações nas diferentes eventualidades ou riscos sociais, a saber, parentalidade, doença, doenças profissionais, desemprego, velhice, invalidez e morte. Acrescem a estas nos termos do já mencionado artigo 90.º da LBSS (n.º 2) as despesas com as políticas activas de emprego e formação profissional, justificada desde logo pela sua inserção ou especial ligação à protecção no desemprego.

Muito se tem escrito, sobretudo desde o início dos anos noventa, acerca do peso das contribuições sociais, nos países europeus e outros da OCDE, quer em face do PIB, quer por referência ao peso da fiscalidade global em cada um desses países[12]. Destes estudos, destacamos os de Bailly (1990), Brouhns (1990), Coudreau (1990), Grand (1990), Euzéby (1994), Artus (1997) e Martinez Serrano (2001). Muito se tem escrito, por outro lado, acerca dos efeitos económicos das contribuições sociais (*maxime* das contribuições devidas pelas entidades empregadoras), efeitos que se podem fazer sentir a montante (repercussão *para trás*, ou efeitos no mercado de trabalho e nos salários dos trabalhadores) ou a jusante (repercussão *para a frente*, ou impacto nos preços finais a suportar pelos consumidores). Destes, salientamos as análises de Euzéby (1987), Fernández (1990), Foucauld (1990), Trier (1990), OCDE (1990), Artus (1997), Langendonck (2000), Bontout, Chambalz, Lhommeau e Ralle (2001) e, entre nós, Santos (1992) e Cabral (2001). Muitas têm sido enfim as propostas de reformas das contribuições sociais (e, de novo, sobretudo, das que são suportadas pelas entidades empregadoras), tendo em vista aliviar as empresas dos respectivos custos não

---

[12] Assim, é possível distinguir, com Artus (1997), três grupos de países, atendendo ao peso das contribuições sociais em face do PIB (relativamente ao ano de 1996): os que têm taxas de imposição muito elevadas (a França com 22% do PIB, a Alemanha, com 20%, a Holanda, com 18%, a Áustria, a Suécia e a Itália, com 16%, a Bélgica e a Finlândia, com quase 16%), aqueles que têm taxas de imposição moderadas (a Espanha, com cerca de 14%, o Japão, a Noruega e os Estados Unidos, com cerca de 10%) e aqueles com taxas de imposição muito baixas (o Reino Unido e o Canadá, com 6%, a Irlanda com 5% e a Dinamarca com 3%). Questão diversa é a do peso das contribuições no quadro da fiscalidade global dos países, distinguindo-se a este respeito entre aqueles países que recorrem sobretudo ao financiamento da protecção social através de impostos (via fiscal) – o caso extremo da Dinamarca – e aqueles que o baseiam sobretudo nas contribuições sociais (via *parafiscal*) – sendo o caso paradigmático, o francês.

salariais da mão-de-obra, o combate ao desemprego e a promoção do emprego. Destacam-se, a este propósito, os contributos de Plasman e Stocker (1999), Euzéby (2000), Savatier (2000), Cockx, Sneessens e Linden (2005), Rémy (2006) e, entre nós, por todos, Santos (1992)[13].

No que ao caso português diz respeito, interessa-nos assinalar, acima de tudo, a evolução que se tem feito notar, nos últimos anos, do peso das contribuições sociais em face das transferências do Orçamento do Estado (OE) (Quadro I), procurando deste modo (1) confirmar a aplicabilidade do princípio da adequação selectiva, (2) reflectir sobre as consequências que a evolução traçada tem na caracterização do Sistema de Segurança Social, à luz destes dois modelos teóricos contrários: o modelo laborista e segurador e o modelo universalizante e redistribuidor de protecção social.

Quadro I
Confronto entre as receitas provenientes das contribuições sociais e das transferências do OE (a preços correntes)

	1995	2006	Taxa Crescimento 2006/1995	Taxa Média Crescimento de Anual
Contribuições e quotizações	6.120.604.343,53	11.608.054.409,27	90%	6,0%
Transferências correntes do OE	913.962.350,73	5.548.735.053,00	507%	17,8%

Em euros

Fonte: Segurança Social (2007)

---

[13] A OCDE publica regularmente, na série. "Statistics", um documento intitulado *Taxing Wages*, na qual é possível acompanhar a evolução do peso da tributação, incluindo com as contribuições sociais, ao longo dos últimos anos (inclui, naturalmente, Portugal). O último é o *Taxing Wages-2009*.
Consulte-se o link: http://caliban.sourceoecd.org/vl=29746804/cl=11/nw=1/rpsv/cgi-bin/jsearch_oecd?limittitles=&cheese=searchdb&oecd-select=home.htm&form=expert&search0=Taxing+wages&search=&field0=tka&system=oecd_all&sortresultsby=rev_timestamp&what=d1 (. [último acesso: 07.07.2010].

Da leitura do quadro, verifica-se que as contribuições sociais, ainda que conhecendo um crescimento muito acentuado ao longo deste período (90%), têm crescido *relativamente* menos do que as transferências do OE para o orçamento da segurança social (507%). A afirmação deste maior crescimento, podemos ainda acrescentar, deu-se sobretudo nos momentos coincidentes com, ou subsequentes à aprovação das últimas três LBSS (a de 2000, 2002 e 2007). Isto, porque estas leis foram responsáveis directas e imediatas – com a alteração quer da estrutura do sistema, quer dos princípios e regras de financiamento – pelo reforço dessa componente «transferências do Estado» no "orçamento" da segurança social. Na verdade, por força da aplicação – desde 2000 – do princípio da adequação selectiva, tem-se assistido nos últimos anos, a uma crescente responsabilidade do Estado no financiamento de um conjunto significativo de prestações – as prestações de carácter não contributivo e de outras marcadas por uma forte predisposição ou vocação redistributiva (o caso, por exemplo das prestações familiares). O último passo foi dado agora, com a nova LBSS, que "trouxe" para o sistema de protecção social de cidadania um derradeiro conjunto de despesas associadas ao sistema previdencial, mas que assumem claramente uma feição não contributiva. E que por isso serão financiadas, doravante, através de transferências do OE ou por consignação de receitas fiscais. Destas destacam-se:

   a) Os *complementos sociais* atribuídos no regime geral da segurança social (sistema previdencial), quando haja lugar à atribuição de pensões mínimas por insuficiência de carreira contributiva e que são agora considerados prestações do subsistema de solidariedade (alínea e) do n.º 1 do artigo 41.º da LBSS e alínea a) do n.º 1 do artigo 11.º do Decreto-Lei n.º 367/2007); e

   b) As *situações que não apresentem base contributiva específica*, resultantes quer da aplicação de taxas contributivas mais favo-

ráveis, sem que se verifique redução concomitante do âmbito material de protecção, quer de antecipações da idade legal de acesso à pensão de velhice sem que, por esse facto, haja lugar a penalização no valor da pensão ou esta não seja considerada actuarialmente neutra (por força do disposto no n.º 3 do artigo 38.º da LBSS e da alínea e) do n.º 1 do artigo 11.º do Decreto-Lei n.º 367/2007).
c) *Invalidez absoluta* (prevista no artigo 15.º do Decreto-Lei 187/2007), querendo esta significar a situação de incapacidade permanente e definitiva para toda e qualquer profissão ou trabalho. De acordo com o disposto no n.º 2 do artigo 38.º da LBSS, estas situações são integradas no sistema de solidariedade, na parte necessária para cobrir a insuficiência da respectiva carreira contributiva em relação ao correspondente valor da pensão de invalidez.

Que dizer desta evolução? Antes de mais nada, como se disse, ela permite confirmar o efectivo respeito pelo princípio da adequação electiva, o mesmo é dizer, o aprofundamento da lógica funcional de financiamento do sistema, dissociando de forma muito clara as fontes de financiamento do sistema (transferências do OE e consignação de receitas fiscais, para um lado e contribuições sociais, para o outro), em função das modalidades de protecção social que estão em causa. Por outro lado, a evolução atesta a tendência de aprofundamento da dimensão universalista e redistribuidora do sistema, perante a sua vocação tradicional, previdencial ou seguradora. Permitindo afirmar que o sistema de segurança social português, ainda que tendo no previdencialismo a sua raiz histórica e principal matriz, vai divergindo de forma gradual para um modelo abrangente e diversificado de protecção social, integrador, por força da evolução da sociedade, de novos riscos sociais, de novos programas e de novas políticas de intervenção social e prosseguindo finalidades sociais muitas diversas em face dos objectivos tradicionais da Previdência ("previdencialismo *heterodoxo*"). Destas novas exigências e preocupações, *superando até a própria perspectiva beveridgeana de protecção social*, evidenciam-se a efectivação dos princípios da justiça social, da igualdade horizontal, mas também da igualdade vertical e a concretização de um objectivo de redistribuição económica[14].

2. Enquadramento histórico: as primeiras concepções sobre a natureza jurídica das contribuições para a Segurança Social[15]

2.1. *Nota prévia: a herança previdencial no nosso ordenamento jurídico*

Mas importa não dispersar a atenção. Uma coisa é a apreciação que se faz do sistema da segurança social no seu conjunto.

---

[14] Tendência esta que é comum a diversos países europeus. Pela sua influência no português, destacamos o caso francês e a evolução nele verificada ao longo da década de noventa de aprofundamento da articulação entre a lógica seguradora e a lógica de solidariedade (nacional), justificando uma cisão clara entre as diferentes modalidades de protecção social e a afectação a cada uma delas de diferentes fontes de financiamento (para as prestações de carácter não contributivo, financiamento por impostos, para as de natureza contributiva, financiamento pelas contribuições sociais). E isto significou, é claro, que o sistema francês abdicasse parcialmente da sua tradição laborista e de financiamento exclusivo da segurança social através de contribuições sociais. A este respeito, destacamos as análises de Dufourcq (1994), Spaeth (1994), Bébéar (1995), Belorgey (1995), Dupuis (1995) e Lagrave (1996).

[15] Este ponto e o ponto seguinte correspondem, com algumas adaptações e desenvolvimentos, ao artigo que escrevemos para os *Estudos em Homenagem a J.M. Sérvulo Correia* (Cabral, 2010a), intitulado *Contribuições sociais – um imposto que não ousa dizer o seu nome?*

E para esse efeito valem as considerações acabadas de fazer sobre o aprofundamento da dimensão universalista do sistema. Outra, é cingirmo-nos à análise do actual sistema previdencial (a dimensão contributiva do sistema), os seus princípios informadores e as suas concretizações, para, a partir daí, ensaiar a caracterização da sua fonte (exclusiva) de financiamento, as contribuições sociais. É pois no sistema previdencial que centraremos, doravante, a nossa atenção.

Ora, o sistema previdencial, no quadro do actual sistema de segurança social, é herdeiro da tradição previdencialista que entre nós remonta aos primeiros tempos do Estado Novo, com a instituição da Previdência Social portuguesa[16]. Dessa marca dá nota ainda o artigo 54.º da actual LBSS, quando, ao afirmar o *princípio da contributividade* como princípio basilar do sistema previdencial, dispõem que este sistema deve ser fundamentalmente autofinanciado, tendo «por base uma relação sinalagmática directa entre a obrigação legal de contribuir e o direito às prestações». A caracterização do princípio da contributividade faz-se aqui pela associação de duas ideias, ainda que elas não tivessem que ter ligação necessária entre si: a primeira, a ideia de auto-financiamento do sistema, sugerindo que, por força ainda do princípio da adequação selectiva, o financiamento deste sistema se faça (exclusivamente) através de contribuições sociais; a segunda, a ideia de que existe um sinalagma directo entre o que é pago pelos beneficiários do sistema e o que dele obtém em troca, mormente a título de prestações sociais (este segundo

---

[16] De notar que logo na Constituição de 1933 e no Estatuto do Trabalho Nacional, da mesma data, se fazia menção às instituições de previdência, de solidariedade e das mútuas, tendo sido aprovada, dois anos depois, a primeira lei de Bases da Previdência Social e Organização Gestionária da Previdência Social (Lei n.º 1884 de 1935) que se manteria em vigor até à primeira grande reforma do sistema, com a aprovação da Lei n.º 2115, de 1962.

sentido aparece também de forma expressa no n.º 3 do artigo 11.º do CC).

Se o primeiro sentido se aceita e se confirma, já o segundo sentido merece algumas reservas, como veremos mais adiante. Aparentemente, o legislador – no desenho do actual sistema previdencial – quis preservar, na definição de contribuição, essa marca previdencial/seguradora herdada do modelo oitocentista bismarckiano dos seguros sociais. Querendo vincar nele portanto as características específicas desta forma de seguro: ou seja, quer fazendo depender o financiamento do sistema das contribuições sociais pagas pelos trabalhadores sobre os respectivos salários, quer privilegiando uma função comutativa (e não uma função distributiva), assente numa relação sinalagmática entre as contribuições pagas e as prestações atribuídas (a interdependência mútua de direitos e obrigações)[17].

2.2. *A Segurança Social, exemplo histórico da parafiscalidade*

A parafiscalidade introduziu na Ciência e no Direito Fiscais, junto com outras realidades tributárias (o caso, por exemplo,

---

[17] Recorde-se, a este propósito, Sérvulo Correia (1968), quando distinguia, a propósito dos seguros sociais do Estado Novo entre a existência de uma sinalagma *genético* e *funcional*. O que caracteriza o primeiro é o facto de ser impensável a criação de cada uma das suas obrigações sem que o seja em reciprocidade (comutativa e aleatória) com outra. O segundo expressa a mútua dependência no cumprimento das obrigações e no exercício dos direitos correspectivos. Admite-se, que neste caso, o sinalagma tenha menor intensidade, aceitando-se a verificação de excepções. Assim, por imposição do interesse público subjacente, da natureza pública do fim prosseguido, pelo que, em certos casos, a instituição responsável pelo pagamento das prestações pode ter de as pagar, ainda que não tenha havido o cumprimento das obrigações contributivas.

das contribuições especiais), a diluição dos contornos durante largo tempo firmes que separavam os dois elementos do universo jus-tributário, os impostos e as taxas. No limite, essas realidades tributárias levaram, do ponto de vista dogmático, à identificação de novos tipos de tributos que não poderiam ser reconduzidos àquelas duas categorias "tradicionais". E, em certa medida, esta solução de criação de terceiros e quartos géneros tributários facilitou o esforço de qualificação e de caracterização jurídicas. Sem embargo, há quem conteste esta proliferação fácil (qual "batota jurídica") de géneros tributários. O caso de Nabais (1998) que considerava – no quadro anterior à revisão constitucional de 1997 – que essa proliferação não tinha sequer correspondência no plano jurídico-constitucional, pois que a este nível existiam dois e apenas dois regimes, o regime dos impostos e o das taxas, mormente para o efeito da aplicação do princípio da legalidade. Este mesmo autor assinalava, com efeito, o seguinte: «... em termos jurídico-constitucionais – os únicos que aqui nos interessam – ou estamos perante impostos ou perante outras figuras tributárias que, na prática, se reconduzem às taxas, não havendo, pois, lugar a um terceiro, ou mesmo a um terceiro e a um quarto géneros, como actualmente se verifica um pouco por toda a parte com as chamadas contribuições ou tributos especiais, por um lado, e o designado fenómeno da parafiscalidade, por outro» (p. 252). E a seguir acrescentava, concluindo que «...o espectro das figuras tributárias hoje em dia extremamente alargado e diversificado se reconduz, ao menos em termos jurídico-constitucionais, a duas figuras polarizadoras: o imposto, subordinado a um exigente princípio de legalidade e materialmente testável através fundamentalmente do princípio da capacidade contributiva; e a taxa, compatível com uma legalidade mais ténue e flexível e limitada, do ponto de vista material, por exigências constitucionais ligadas ao próprio conceito (constitucional) de taxa, em que naturalmente domina a ideia de proporcionalidade entre a prestação e a contraprestação em que a relação de taxa estruturalmente se analisa» (pp. 259-260).

Mau grado a alteração verificada na lei constitucional em 1997[18], mantém-se pertinente, como veremos adiante, a questão de saber se as contribuições para a segurança social podem ou devem ser reconduzidas a um terceiro ou quarto géneros tributários e, assim, qualificadas por exemplo como *contribuições financeiras especiais* (neste sentido, Sousa Franco, 1991) ou, se pelo contrário, devem ser associadas ao primeiro género tributário (o imposto).

Dito isto, importa recordar em que é que se traduz a parafiscalidade, identificando as suas características principais e que, durante anos, levaram uma boa parte da doutrina a distingui-las da fiscalidade *propriamente dita*. Como nos dava conta Ferreira (1988), o estudo da parafiscalidade iniciou-se a partir da década de cinquenta, sobretudo em França e em Itália, países como se disse atrás fortemente marcadas pela influência bismarckiana de protecção social. Neste último país, coube sobretudo a Morselli (1951) dar o principal contributo teórico nesta matéria. Segundo autor, a parafiscalidade, associada ao desenvolvimento das finanças modernas, veio procurar dar uma resposta às novas necessidades económicas e sociais do Estado, caracterizando-se a partir da participação de organismos não necessariamente públicas no desenvolvimento de funções públicas, tendo estes para o efeito a possibilidade de colecta autónoma de tributos, os tributos parafiscais. O exemplo mais importante, no caso da segurança social, estaria no papel de arrecadação de receitas e gestão das despesas com a protecção social a cargo das instituições da pre-

---

[18] Que autonomizou, como veremos, a categoria das «contribuições financeiras» para o efeito da aplicação do princípio da legalidade fiscal.

vidência social. Com isto, a parafiscalidade transpôs claramente as fronteiras da teoria clássica do imposto, trazendo novidades nos planos da incidência tributária, da capacidade contributiva, da redistribuição, etc.. Em França, por sua vez, coube a Mérigot (1949) a identificação das principais características da parafiscalidade, a saber: *i)* o poder de colecta e de disposição é atribuído a organismos descentralizados, não necessariamente públicos; *ii)* a desorçamentação das receitas e despesas respectivas; *iii)* a afectação das receitas cobradas a determinados fins específicos[19].

O que ressalta, acima de tudo, das posições destes dois autores (secundada pela doutrina posterior) é que a caracterização da parafiscalidade e dos tributos parafiscais, contrariamente ao que seria expectável, aparece feita mais numa óptica financeira e orçamental e menos numa óptica tributária. Ou seja, são sobretudo argumentos do direito financeiro (com destaque para o da desorçamentação) que fundamentam a caracterização pela parafiscalidade.

Ainda hoje a legislação portuguesa acolhe o "fenómeno" parafiscal. A Lei Geral Tributária (LGT)[20] classifica, logo no seu artigo 3.º, os tributos em fiscais e parafiscais. O legislador, ainda que não o confirmando expressamente, terá pensado para incluir neste segundo grupo, entre outras, as contribuições sociais.

As contribuições sociais têm sido de facto consideradas, entre nós, tributos parafiscais, pois que nelas se verificariam as mencionadas características da parafiscalidade (e que são, repita-se, de ordem essencialmente financeira). Assim:

   a) As contribuições sociais teriam natureza coactiva ou obrigatória, sendo exigidas por via de autoridade;

---

[19] Sobre a natureza tributária das contribuições previdenciárias, no direito brasileiro, leia-se Barros (2007).

[20] Consta agora da Lei n.º 15/2001, de 5 de Junho, que a republicou.

b) Elas seriam cobradas e geridas por organismos de base não territorial, autónomos perante o Estado e, no limite, de natureza privada (de que foram exemplo entre nós, seguindo a tradição francesa, as antigas *Caixas de Previdência*);

c) Elas seriam afectas a despesas ou fins específicos: o da protecção social nas eventualidades cobertas (consignação de receitas);

d) Elas não seriam objecto de inscrição orçamental.

Como já dissemos anteriormente (Cabral, 2005), estas características ou não têm hoje aplicação ao universo da segurança social ou são irrelevantes do ponto de vista da qualificação das contribuições sociais como tributos parafiscais. Na verdade, a primeira característica não é exclusiva das contribuições sociais, antes sendo comum a todos os tributos. A segunda está, entre nós, posta em causa, pela natureza hoje inequivocamente pública da entidade que colecta e gere as receitas das contribuições sociais (o Instituto de Gestão Financeira da Segurança Social). A terceira — a da consignação das receitas em causa a fins ou despesas específicas — só pode ser aceite com grandes reservas, pela sua cada vez mais ampla e indiferenciada afectação a uma multiplicidade de fins (como veremos melhor adiante). Isto, claro está, se entendermos a consignação no seu sentido próprio e puro, enquanto afectação de certa receita a determinado tipo de despesa. Diferente da consignação de receitas *tout court* é a afectação ampla de receitas num universo financeiro mais reduzido (consignação imprópria ou orgânica)[21]. E é isso que sucede no caso das contribuições para a segurança social, sendo

---

[21] Por isso, consideramos um exemplo de consignação *imprópria* aquele que, enquanto excepção ao princípio da não consignação, a LEO considera, ao afectar as receitas de cada subsistema da Segurança Social às despesas respectivas (cf. alínea c) do n.º 2 do seu artigo 7.º).

certo que, ademais, no caso destas, elas têm vindo até a financiar despesas *extra muros*[22], isto é, despesas para lá do seu universo próprio e habitual (o sistema previdencial). Finalmente, a última característica, a da não inscrição no Orçamento do Estado, já não tem aplicação entre nós relativamente às receitas e às despesas da segurança social, uma vez que, como dissemos antes, o "orçamento da segurança social" está plenamente integrado no OE.

De resto, a fluidez de contornos entre a fiscalidade e a parafiscalidade há já muito vem sendo reconhecida por parte da doutrina, pelo menos no que às contribuições sociais diz respeito. Waline (em 1961), por exemplo, defendia já que o termo parafiscalidade oculta uma fiscalidade no sentido próprio do termo, uma «fiscalidade que não ousa dizer o seu nome»[23]. Entre nós, reconhecendo a importância da crescente publicização, orçamentação e afectação a uma amplíssima categoria de despesas, afirmou-se também a tese da convergência das contribuições sociais em relação às receitas fiscais *típicas* (assim, desde logo, Sousa Franco, 1991)[24].

---

[22] O caso como se viu das políticas de emprego e de formação profissional e de despesas na área laboral.

[23] Citado por Nabais (1998, p. 257).

[24] Sobre esta mesma tendência, agora no caso francês, leia-se Pellet (1995).

2.3. *A estrutura bicéfala das contribuições sociais e dificuldades no plano da respectiva conceitualização*

2.3.1. *Nota prévia: as contribuições sociais e o risco; da natureza de prémio de seguro à natureza tributária*

O seguro – de um modo geral – pode definir-se a partir da ideia de *tecnologia do risco* (Ewald, 1986). O risco é o seu elemento determinante e pressuposto, quer estejamos perante um seguro privado contratual ou um seguro social. A distinção entre estas duas formas de seguro passa em boa medida pelo tipo de risco que lhes está subjacente. Aponta-se que no seguro social, o risco subjacente não é apenas o da ocorrência do facto danoso; a sua verificação põe em causa a subsistência dos trabalhadores em causa. Daí afirmar-se que a *falta ou insuficiência de meios subsistência* é que constitui, na verdade, o pressuposto indemnizador da relação do seguro social. Daí afirmar-se também que o risco em apreço é, na verdade, um risco *salarial*, que conhece, por sua vez, dois tipos de causas (neste sentido, Mendes, 2005). Por um lado, causas associadas directamente ao exercício de actividades profissionais, *maxime* as que derivam da prestação de trabalho por conta de outrem (v.g. acidentes de trabalho e doenças profissionais). Nestas, estamos verdadeiramente perante riscos *profissionais*. Por outro lado, causas, de origem mais difusa, que se associam ou a "lotarias genéticas" ou a catástrofes naturais resultantes da vivência em sociedade e dão origem aos riscos *sociais tout court*. Compreendem as situações de doença natural, a gravidez e o parto, o desemprego involuntário, a velhice, a invalidez e a morte do ganha-pão familiar.

Mas, para além deste elemento distintivo, outro pode ser apontado para separar os seguros contratuais privados dos seguros sociais. É que, na relação jurídica de seguro social, não se procura adequar necessariamente o montante da indemnização ao dano sofrido (não é esse o seu fim primordial). O ressarcimento fica em muitos casos limitado à garantia de um mínimo vital ou de um valor superior previamente estabelecido (designadamente quando exista a fixação de tectos superiores contributivos e/ou prestacionais). O objectivo fundamental é o de restituir ao beneficiário os meios de subsistência salariais perdidos em consequência da verificação do evento danoso.

O seguro social fica por último marcado – o que, por regra, não sucede nos seguros contratuais – pela ideia de *colectivização* ou *socialização* do risco, a partir da presunção de que a incidência do risco ocorre em relação a todos os elementos de uma dada categoria de trabalhadores, pelo que se lhes impõe o pagamento de uma contribuição social (uma taxa contributiva) que generaliza a ocorrência desse risco e que não distingue, por exemplo, entre bons e maus riscos, entre bons e maus segurados.

A questão fundamental que se coloca é a de saber se era preciso conjecturar-se a criação deste novo tipo de seguro, tornando desajustada a técnica tradicional de seguro (contratual privado) utilizado como forma de debelação do risco. A razão de ser histórica para a necessidade do surgimento dos primeiros seguros sociais não foi só uma razão de política: a necessidade de repensar a organização social do Capitalismo, como forma de assegurar a sua melhoria, a sua democratização e a sua própria preservação contra as profecias marxistas que o sentenciavam de morte[25].

A razão de ser mais profunda é de ordem técnica. Teve que ver precisamente – quer-nos parecer – com a consciência da *comunhão* e da *partilha* do risco e da necessidade, a partir daí, de assegurar uma forma colectivizada de protecção. A consciência

---

[25] Isto mesmo justificou o advento das primeiras correntes do socialismo utópico, do socialismo democrático e da social-democracia.

de que trabalhadores pertencentes a uma mesma empresa ou sector de actividade vivenciam, com idêntica e grande probabilidade, os riscos associados ao seu trabalho comum. Não admira por isso que os primeiros seguros sociais na Alemanha bismarckiana tenham sido os seguros na doença (1883), nos acidentes de trabalho (1885) e na invalidez e na velhice (1889). Seguros nos riscos mais prováveis – desde logo os riscos profissionais típicos – e de riscos partilhados. Riscos acrescidos.

Destas características resultou, desde logo, a percepção de que o seguro contratual e individual não assegurava, com *eficiência*, a protecção reclamada. E a teoria económica posterior logo reconduziu esta inviabilidade ao "tema" das *falhas de mercado*, assumindo-se a incapacidade de o mercado segurador privado tradicional em responder a este especial tipo de risco. E isto, por factores vários[26], mas que podemos genericamente reconduzir a três tipos de causas: *i)* por virtude da aplicação da "lei da subavaliação das necessidades futuras"; *ii)* pela ocorrência de assimetrias de informação e, *iii)* por efeito da acumulação temporal de riscos[27].

---

[26] Como sintetiza Mendes (2005), existem cinco condições para o seguro privado ser assegurado no mercado e que dizem respeito à probabilidade do risco a segurar, a saber: *i)* a probabilidade de ocorrência do risco em relação a um sujeito ser independente da probabilidade de ocorrência em relação a outro; *ii)* a probabilidade de o risco ser menor do que um; *iii)* a probabilidade de o risco ser conhecida ou estimável; *iv)* não haver *selecção adversa*, isto é, o segurado não poder ocultar ao segurador a sua natureza de "mau risco"; *v)* e não haver *risco moral*, ou seja, o segurado não poder manipular sem custo a probabilidade do risco ou a dimensão da sua perda. E como afirma o mesmo autor, «estas condições são tão exigentes que se torna problemática a qualidade de ajustamento pela mão invisível do mercado, ainda que perfeitamente concorrencial, das procuras e ofertas de protecção, em termos de bem-estar individual e colectivo» (p. 77).

[27] Sobre a perspectiva seguradora dos seguros sociais e em sua defesa, leia-se Caussat (1994).

Mas o "movimento" não ficaria por aqui. Vai um grande passo, na verdade, entre aquele que ditou a caracterização deste seguro como seguro social e a concomitante caracterização das contribuições como prémios de seguro e aquele que se consolidou a partir sobretudo da segunda metade do século XX, de recondução das contribuições sociais ao "universo jus-tributário". Quanto a nós, foram essencialmente três as razões determinantes.

Primeira, a afirmação plena do carácter obrigatório e definitivo da contribuição em apreço, com tudo o que isso significava de afastamento perante a figura do seguro, marcada pelo seu carácter voluntário e contratual.

Segunda, o surgimento, a partir de meados do século XX, em alternativa ou em complementaridade com o modelo laborista, do *modelo universalista* de protecção social de que resultaram as seguintes mudanças estruturais: a afirmação plena do termo "segurança social", substituindo na generalidade dos países a expressão "seguros sociais"; a afirmação do direito à segurança social como direito de cidadania e da substituição da lógica seguradora e previdencial pela perspectiva solidarista e assistencialista; a aceitação, enfim, do financiamento da segurança social não apenas através da via contributiva, mas também ou sobretudo pela via fiscal (*maxime* pelos impostos progressivos sobre o rendimento). Estas mudanças estruturais terão ditado, também elas, um novo "olhar", uma requalificação das contribuições sociais naqueles países que optaram por mantê-las como fonte primacial de financiamento da segurança social.

Terceira, o desenvolvimento na década de cinquenta do novo conceito jus-tributário, o conceito de parafiscalidade (*supra*) e que serviu, durante largos anos, para enquadrar e tipificar as contribuições como tributo afim dos impostos.

2.3.2. A estrutura bicéfala das contribuições sociais; proposta de análise

A abordagem da parafiscalidade foi, aliás, concomitante com o aprofundamento dos estudos em torno da noção e da natureza jurídica das contribuições sociais (leia-se por exemplo Prétot, 1993). Na verdade, tal abordagem enriqueceu e densificou muito a figura e permitiu também alertar para uma outra especificidade do "tributo", a da sua natureza bicéfala, ou seja, a circunstância de a contribuição ser devida quer pelos trabalhadores quer pelas entidades empregadoras, ainda que, no entender de alguns, assumindo cada uma destas partes natureza distinta (e reclamando, por conseguinte, regimes jurídicos diferenciados). Em Portugal, tendo por pano de fundo o previdencialismo do Estado Novo, mas depois também já no quadro do regime democrático, o tema mereceu atenção.

Recordamos, a partir de Franco (1991), as análises diferenciadas de administrativistas e fiscalistas, a propósito da natureza jurídica das contribuições sociais. Aquele autor identificava as orientações *monistas* e as orientações *dualistas*, sendo que as primeiras atribuíam natureza idêntica e una às contribuições sociais[28], ao passo que para as segundas a natureza da contribuição seria distinta consoante fosse suportada pelo trabalhador ou pela entidade empregadora[29]. Nas obras mais recentes, ainda se

---

[28] No quadro da anterior Previdência Social, destacamos as teses de Sérvulo Correia (1968), para quem as contribuições sociais seriam *taxas*, em virtude da existência do mencionado sinalagma (genético e funcional) e Alberto Xavier (1973), que as concebia como *prémios de seguro*, mesmo na parte suportada pela entidade empregadora, pois que neste caso tratar-se-ia de um prémio obrigatoriamente efectuado em benefício de terceiro.

[29] O caso de Nuno Sá Gomes (1984). Enquanto que a parte suportada pelo trabalhador teria a natureza de prémio de seguro, a parcela devida pela entidade empregadora seria um verdadeiro imposto.

mantém alguma oscilação doutrinária: assim, enquanto alguns autores aceitam a natureza fiscal uniforme das contribuições sociais (o caso de Nabais, 2003), outros autores tendem a considerá-la contribuições, ainda que tipicamente em relação à parte que é suportada pelos trabalhadores (Vasques, 2008a).

A estrutura (aparentemente) bicéfala das contribuições sociais radica, de novo, no modelo dos seguros sociais e na exigência, logo estabelecida, de que as taxas contributivas aplicáveis aos salários dos trabalhadores, fossem suportadas não apenas pelo trabalhador, mas também pela respectiva entidade empregadora. E se em relação aos primeiros, o esforço contributivo era justificado com o benefício de protecção social que em troca obteriam (as prestações sociais substitutivas de rendimentos perdidos por força da ocorrência dos riscos sociais), quanto aos segundos, a visão paternalista do Laborismo oitocentista[30] – essa que permitiu enquadrar e responder à "questão social" nas sociedades do Capitalismo Industrial – propugnava que em troca do pagamento das contribuições, o empregador obteria a tão necessária "paz social", dentro e fora da empresa. Nesta obrigatoriedade de o esforço contributivo ser partilhado pelos trabalhadores e pelas entidades empregadoras reside, aliás, para além das outras antes mencionadas, uma marca distintiva fundamental

---

[30] Associada à ideia do "patrão" como pai de uma grande família, a que tinha por filhos os seus trabalhadores. O surgimento do Direito do Trabalho, por um lado, e do Direito dos Seguros Sociais por outro, no século XIX, está intimamente ligado, não apenas às tentativas de dignificação das condições de trabalho (segurança, saúde, etc.), designadamente dos trabalhadores fabris, como ainda à própria afirmação das relações laborais (v.g. as relações resultantes da celebração de um contrato de trabalho) como relações marcadas por uma certa estabilidade e tendencial perenização. Daqui à ideia de conceber a empresa como família que teria no patrão o exemplo da figura paternal, não foi preciso um grande passo.

destes seguros perante os seguros contratuais privados (pois que nestes o prémio tende a ser suportado inteiramente pelo beneficiário do seguro). Posteriormente, posta em xeque aquela concepção do "paternalismo laboral", não raros foram aqueles que afirmariam de forma pronta, que em relação aos empregadores nenhum sinalagma (ou seja, nenhuma contrapartida específica) se verificaria, pois que eles nada obteriam em troca. Daí ter sido proclamada a sua natureza fiscal, ou seja, a parte suportada pelo empregador e qualquer que fosse a natureza da parcela devida pelo trabalhador (taxa, prémio de seguro...), teria irremediavelmente a natureza de imposto.

A contribuição social é ainda hoje, na generalidade dos países que a conhecem, paga quer pelo trabalhador quer pelo empregador. No caso português, a *taxa contributiva global* do regime geral dos trabalhadores por conta de outrem, equivalente ainda a 34,75%, é suportada de forma diferenciada pelo trabalhador e pela entidade empregadora: 11% naquele caso, 23,75%, neste. Daí ser legítimo colocar a questão de saber se, em face do regime actual, haverá razões suficientes para conceber as contribuições sociais, do ponto de vista dogmático, de forma dúplice. Em prol desta ideia, parece ir, desde logo, a LBSS que ainda distingue, em diversos momentos, entre as «quotizações dos trabalhadores» e as «contribuições dos trabalhadores» (assim, por exemplo, artigos 57.º, 58.º, 59.º, 60.º, n.º 2 do artigo 90.º e artigo 92.º). O CC mantém essa separação (veja-se desde logo o artigo 12.º).

Não obstante, a nossa proposta vai no sentido da *unidade fundamental* da contribuição social; ou seja, parece-nos ser possível procurar a sua qualificação uniforme, ainda que depois, designadamente a nível do respectivo regime (obrigações dos contribuintes em causa), possam existir algumas diferenças assinaláveis. Esta posição é antes de mais nada *forçada* por uma necessidade: a necessidade de contaminar a contribuição social, toda ela, com a protecção dos direitos dos contribuintes que o *princípio da legalidade fiscal* confere, mormente na sua acepção mais exigente e com todas as consequências jurídicas que isso implica[31]. Se a contribuição devida pela entidade empregadora pode ser considerada como verdadeiro imposto, como de resto entre nós o foi sempre pela doutrina dominante, deve reconduzir-se a ela a quotização do trabalhador, e não o contrário. Estamos aqui, não o negamos, a forçar, por razões de conveniência, um determinado resultado. Logicamente, isto envolve um salto. Seja como for, atrevemo-nos a procurar colmatar este vazio, afirmando que a própria evolução da quotização do trabalhador (logo, de toda a contribuição social) sugere a sua "fiscalização", ou seja, a recondução ao universo fiscal. E por razões que se pretendem com a própria fisionomia do tributo em causa, ou seja, com a sua ontogénese. Alguns elementos constitutivos dessa evolução ontológica: *i)* A progressiva diluição da mencionada natureza sinalagmática, mesmo da parte que é suportada pelo trabalhador o que reflecte, concomitantemente; *ii)* A mitigação do princípio do benefício enquanto critério de tributação, porque "adulterado" por outros objectivos que sobrevêm, designadamente, já o dissemos, os objectivos da redistribuição e da justiça social (enquanto justiça (re)distributiva): *iii)* A superveniência, em suma, nas contribuições sociais, de um outro princípio informador de tributação, o princípio da capacidade contributiva.

Em que termos é que isso sucede, é o que veremos de seguida.

---

[31] Princípio que domina, como veremos adiante, a Constituição Fiscal. Sobre o assunto, *infra* Capitulo II, ponto 1.

3. Enquadramento jurídico: princípio da equivalência ou princípio da capacidade contributiva

3.1. *As contribuições sociais como expressão do princípio da equivalência*

As contribuições para a segurança social seriam qualificadas, atentos o objectivo histórico da sua criação e especial finalidade, como *tributo* marcado princípio wickselliano da equivalência ou do benefício[32]. Como explica Vasques (1999), de acordo com este princípio, o tributo deve ser conformado em atenção ao valor que o contribuinte atribui aos bens que lhe são oferecidos pelo Estado, caso em que se prossegue uma equivalência de benefício que reproduz a lógica de mercado; ou atendendo apenas ao custo incorrido pelo Estado na sua provisão, caso em que se prossegue uma equivalência de custos (situação que é aliás a que se revela mais fácil e comum)[33]. Este autor, num outro

---

[32] No texto de Wicksell (1896) aparece uma das mais importantes e citadas menções ao princípio do benefício.

[33] Para além destes dois sentidos habituais conferidos ao princípio da equivalência, mais recentemente e no quadro da sua proposta de edificação de um sistema de financiamento do Estado baseado no princípio do benefício, veio ainda o autor alemão Heinz Grossekettler (2000), na obra *Steurstaat versus Gebührenstaat. Vor– und Nachteile,* sugerir um novo sentido alternativo. Assim, num sistema desta ordem, deveria recorrer-se ao financiamento através de taxas e reclamar-se o seu pagamento, sempre que a criação de um dado serviço administrativo ou de bem público, acarretasse um *custo marginal ou suplementar,* de tal sorte que outros sujeitos fossem prejudicados em virtude da sua utilização pelo contribuinte em apreço, ou essa criação implicasse a renúncia à prestação de outros serviços e bens, uma vez que ela consumiria os factores produtivos disponíveis. Sempre que, pelo contrário, não houvesse lugar à criação de custos suplementares, mas, ainda no quadro de um financiamento segundo a "lógica" do benefício

momento (2008a), supera a habitual confusão terminológica entre equivalência e benefício, afirmando que o princípio da equivalência deve ser considerado o princípio geral, apontando para uma relação de troca sem precisar quais sejam os seus termos e é depois desdobrável no *princípio do benefício* ou no *princípio da cobertura de custos*, em função da concretização daqueles termos de troca. O princípio da equivalência, acrescenta ainda Vasques *(idem)*, assume ainda, dois sentidos distintos: o sentido de *equivalência económica* e o sentido de *equivalência jurídica*, este querendo significar a relação rigorosamente comutativa entre a obrigação tributária que impende sobre o sujeito passivo e a prestação que ele efectivamente provoca ou aproveita e aquele significando a relação que se estabelece entre o montante das taxas e o custo ou o valor das prestações que constituem a sua contrapartida. O autor refere depois o conceito de *equivalência individual* e de *equivalência de grupo*, empregue por alguma doutrina alemã (v.g. Heinz Haller), ocorrendo a primeira quando o tributo seja fixado em atenção ao custo ou valor que uma prestação administrativa revista para o contribuinte individual e ocorrendo a segunda quando o tributo seja fixado por modo a reflectir o custo ou valor que essa prestação revista para um dado grupo de contribuintes. A grande relevância desta distinção – acrescenta Vasques – é a de nos permitir situar melhor as diferentes espécies de tributos comutativos ao longo de uma escala, que vai desde as taxas até às contribuições e desde as

---

– aquela que o autor defende como boa –, então cobrar-se-ia já não taxas, mas sim contribuições especiais. Neste caso, a ideia de contraprestação (equivalência) subjacente teria um sentido mais amplo, a saber, o da contraprestação pela *possibilidade de uso* de um determinado bem ou serviço, independentemente do seu uso efectivo. Assim sendo, as contribuições especiais seriam "preços de opção", que pagariam os custos fixos do bem ou serviço, custos imputáveis à sua criação, ainda que o uso efectivo se não desse (sobre esta questão, Barquero Estevan, 2002).

contribuições até aos impostos e compreender, assim, que quanto maior for o grupo com o qual pretendamos estabelecer uma relação de troca e quanto mais elevado o nível de tipificação de que nos sirvamos, mais próximos estamos dos impostos e mais longe ficamos dos tributos comutativos.

Os economistas (tradicionalmente, os economistas do liberalismo[34]) têm sido pródigos na identificação dos grandes benefícios do princípio do benefício, designadamente quando confrontado com o outro princípio fundamental de tributação que é o da *capacidade contributiva*. Porque baseado na "lógica" do mercado, aquele seria mais adequado no plano da eficiência na provisão dos bens e serviços públicos, além de assegurar uma melhor revelação das preferências individuais dos cidadãos (princípio da *soberania do consumidor*). Paralelamente, seria um princípio favorecedor da auto-responsabilidade individual, ao mesmo tempo que implicaria – no domínio das relações entre contribuintes e decisores políticos – o reforço da informação (sobre bens e serviços prestados e respectivos custos) veiculada aos eleitores e, por essa via, o reforço também da responsabilidade política dos eleitos.

A ideia de que os sistemas de segurança social – na parte contributiva designadamente – se baseiam no princípio da equivalência tem acolhimento na generalidade da doutrina, desde logo a nível internacional (veja-se, a este propósito, o texto fundamental de Schmähl (1988)). E isso seria explicado, desde logo, pela dimensão seguradora ostentada pela componente previdencial dos sistemas.

---

[34] Como foi o caso de Lindhal e, de um modo geral, dos grandes representantes da *Public Choice*, com evidência para Buchanan.

Entre nós, esta ideia merece a adesão de Vasques (2008a). O autor concebe as contribuições sociais (na parte suportada pelo trabalhador) como verdadeiras contribuições, distinguindo--as por isso quer das taxas, quer dos impostos. Elas representam prestações pecuniárias e coactivas exigidas por entidade pública em contrapartida de uma prestação administrativa presumivelmente provocada ou aproveitada pelo sujeito passivo. Mantém--se assim o sinalagma, ainda que as prestações não sejam nem efectivas, como sucede nas taxas, nem meramente eventuais, como acontece nos impostos, antes sendo *prestações presumidas*.

Do ponto de vista dogmático, acrescenta ainda Vasques (*idem*) a distinção entre as três figuras mencionadas convoca ainda o manuseamento de dois elementos fundamentais, o *pressuposto* e a *finalidade* do tributo. No caso dos impostos – tributos unilaterais típicos – o pressuposto legal de cuja verificação depende a formação da obrigação tributária mostra-se nele alheio a qualquer relação entre o sujeito passivo e a administração. O pressuposto situa-se fora dessa relação e encontra-se nos rendimentos, no património, no consumo, etc., ou seja, em factos reveladores da riqueza (da capacidade contributiva), que não a prestação administrativa. Para além disso, impõe-se que este tenha por finalidade o financiamento geral das despesas públicas não visando o financiamento de despesas públicas determinadas. No caso das taxas – tributo bilateral por excelência –, o pressuposto é uma prestação administrativa de que o sujeito passivo seja efectivo causador ou beneficiário (um bem de domínio público, um serviço público, a remoção de obstáculos jurídicos ao comportamento dos particulares). A sua finalidade consiste na compensação dessa mesma prestação (finalidade compensatória): a taxa não só é exigida por ocasião da prestação, mas sobretudo em função dessa prestação. Finalmente, as contribuições têm por pressuposto uma prestação administrativa presumivelmente provocada ou aproveitada pelo sujeito passivo e têm ainda uma finalidade compensatória, que deve ser confirmada pelo destino da receita cobrada (na verdade, a consignação de receita que aqui tem lugar constitui uma dos elementos mais importantes no apuramento dessa mesma finalidade).

Partindo das precisões dogmáticas até aqui reproduzidas e aplicando o respectivo quadro mental, podemos dizer que as contribuições sociais seriam assim:

a) Tributos marcados pelo princípio da equivalência, enquanto equivalência de benefício (na relação de troca, o contribuinte prestações por rendimentos perdidos ou prestações por maiores encargos – tradicionalmente era assim com os encargos familiares[35]);

b) Tributos marcados pela equivalência jurídica (ainda que o sinalagma seja não já directo, antes presumido), bem como pela equivalência económica (presente na definição actuarial do valor das taxas contributivas, por referência ao custo técnico das eventualidades[36]);

c) Tributos associados à ideia de equivalência de grupo, muito por força do objectivo a elas associado e já aqui referido, de "colectivização do risco";

d) Tributos, enfim, marcados pelo pressuposto da obtenção, e em troca do esforço contributivo, de uma prestação social, na eventualidade ocorrida, e tendo por finalidade a compensação pelos rendimentos perdidos com essa ocorrência.

---

[35] Hoje, como vimos antes, os encargos familiares já não estão integrados no sistema previdencial (ponto 1.1.) e, com o actual CC, deixaram por isso de integrar o custo técnico das eventualidades, para efeitos de apuramento do valor das taxas contributivas. Ainda voltaremos de novo à questão.

[36] *Vide infra,* ponto 3.2.1.

3.2. Desvios ao princípio da equivalência: apreciação

3.2.1. Nota prévia

A doutrina, nomeadamente nos países de maior pendor previdencialista, escusa-se portanto a analisar as contribuições sociais à luz do princípio da capacidade contributiva. Este não é reduto daquelas. Citando VASQUES (2008a, p. 375), a natureza das contribuições «que *apela ao princípio da equivalência* é também o que nelas *repele o princípio da capacidade contributiva*. Quando um tributo tenha por finalidade compensar o custo ou valor das prestações administrativas que um indivíduo provoca ou aproveita, afigura-se irrazoável onerá-lo em função da sua força económica e transformar semelhante tributo num exercício de solidariedade do indivíduo para com o todo da comunidade. O princípio da capacidade contributiva não constitui, em suma, um critério de repartição adequado a esta área do sistema tributário, mostrando-se-lhe avessa a finalidade compensatória característica das taxas e das modernas contribuições». Mais adiante, acrescenta: «*A representação do custo ou do benefício como manifestações da capacidade contributiva constitui um exercício tão inconsequente quanto a representação da força económica do contribuinte como manifestação do benefício*» (p. 378).

A questão que nos propomos agora tratar é a de saber se, considerando a génese e a evolução das contribuições sociais (em Portugal), se poderá dar uma tal resposta, tão contundente e indubitável. Supomos que não. Com efeito, a análise das contribuições sociais permite defender a tese de que, nelas, são já inúmeras e de crescente importância, as concessões ao princípio da capacidade contributiva, o que implicará com a natureza jurídica das mesmas contribuições sociais.

Vejamos, então, ponto por ponto, essas concessões:

3.2.2. *Concessão à capacidade contributiva: as taxas contributivas incidem sobre rendimentos do trabalho que, enquanto tal, são manifestação de capacidade económica; as taxas contributivas são proporcionais aos rendimentos*

Começamos por afirmar a ambivalência das contribuições sociais e acrescentamos, desde já, dois pontos de vista que reputamos fundamentais: *i)* em primeiro lugar, que a natureza ambivalente das contribuições sociais lhe advém, desde logo, da ambivalência do pressuposto em que se estriba; *ii)* em segundo lugar, que a identificação do pressuposto do tributo, neste caso como em outros, não pode desatender à definição da respectiva base de incidência (BIC). Comecemos por este segundo aspecto. A BIC, nas contribuições sociais, é constituída pelos rendimentos da actividade laboral ou profissional (artigo 57.º da LBSS e artigo 44.º do CC). Esta opção – tributar pelos salários – radica na história da segurança social: vai buscar as suas origens à concepção laborista de protecção social e, concretamente, ao modelo bismarckiano dos (primeiros) seguros sociais. Pois que, na verdade, o que se pretende garantir é, como dissemos, a protecção no risco salarial e assegurar a substituição de rendimentos perdidos em virtude da ocorrência de eventos danosos previamente tipificados. E daí a *tendencial* equivalência entre o que é pago pelo contribuinte e o que ele obtém em troca, enquanto beneficiário.

Daqui facilmente se retira que a natureza ambivalente das contribuições sociais está na ambivalência do pressuposto que lhe dá origem. O facto de, imediatamente, o pressuposto das contribuições ser o da atribuição de uma prestação como moeda de troca por aquilo que se pagou e de se saber o que se vai receber se e quando, não pode fazer esquecer que, mediatamente, esse pressuposto é a capacidade contributiva do próprio sujeito[37].

---

[37] Recorde-se que em relação à generalidade dos impostos, o princípio da capacidade contributiva constitui *pressuposto* e *critério* da tributação.

Contrariamente ao que sucede com outros tributos assentes no benefício em que o benefício é avaliado por si só, pelo valor da prestação ou da intervenção da entidade pública (ou então, pelo valor do custo ou dos efeitos externos impostos por um particular à comunidade[38]), aqui o valor da prestação coincide com a capacidade económica do sujeito que ela mesma visa repor. *A Segurança Social paga prestações substitutivas dos rendimentos perdidos.*

Pois que o que é verdadeiramente relevante e é tarefa prévia em relação a toda a outra argumentação subsequente, é verificar que, no caso das contribuições sociais, a definição do benefício não é alheia aos factos reveladores de riqueza; ela pressu-

---

Como pressuposto de tributação, exige que os impostos tenham na sua base "bens fiscais", excluindo da tributação quer o mínimo existencial, quer o máximo confiscatório. Como critério da tributação, o princípio rejeita que quer o sistema fiscal no seu conjunto, quer cada um dos impostos *per se*, tenham por base qualquer outro critério, seja ao nível das respectivas normas, seja ao nível dos correspondentes resultados (Nabais, 2003). Seguindo Tipke e Yamashita (2002), pode por sua vez definir-se a capacidade contributiva como o princípio, de acordo com o qual todos devem pagar impostos segundo o montante do rendimento disponível para o pagamento de impostos. Importa, enfim, fazer notar que – como esclarece ainda Nabais (2003), no que diz respeito ao *quantum* ou intensidade da tributação, a capacidade contributiva não constitui qualquer suporte da progressividade do sistema fiscal ou dos impostos, indiciando-nos antes a opção por impostos proporcionais. Aceitando a aplicação do princípio da capacidade contributiva às contribuições sociais, Cassone (2006) afirma que, nelas, o princípio da igualdade tributária (aqui vista, como outra dimensão da capacidade contributiva) se realiza através da proporcionalidade das taxas de imposto, ou seja, atendendo ao *quantum* da tributação. Quem ganha 100 pagará o resultado da incidência da taxa de 11% sobre esses 100. Quem ganha 1000 suportará a mesma proporção sobre esses 1000. E assim por diante. Sobre o princípio, sua relação com a igualdade tributária e determinação, leia-se ainda Moschetti, Lorenzon, Schiavolin, Tosi (1993) e Nobre Júnior (2001).

[38] Sobre o assunto, veja-se Vasques (1999) e Martins (2006).

põe essa manifestação de riqueza. O benefício é esse: consiste em restabelecer a capacidade económica perdida em virtude da ocorrência do evento. Dir-se-á, em contraponto, que a capacidade económica (ou, sem distinguir, capacidade contributiva) é aqui *instrumental* à definição do benefício e que não é o verdadeiro pressuposto da tributação. Mas não será isso talvez o "embrião" do princípio da capacidade contributiva?: uma tributação que parte de, e assenta em elementos de riqueza ou na força económica do contribuinte, para concretização de *uma finalidade* (para uns, a compensação de rendimentos perdidos, para outros um fim mais amplo de protecção ou segurança sociais). Aliás, o risco de que o benefício "se convole" em capacidade contributiva é assumido, também, por VASQUES (2008a, p. 470), quando justamente a propósito da definição da base de incidência objectiva, afirma, a dado passo, que «quando identificamos a riqueza manifestada pelo contribuinte com o custo ou o valor de uma prestação administrativa, o princípio da equivalência acaba por diluir-se no princípio da capacidade contributiva, perdendo todo o conteúdo próprio (...) O dizer-se que o custo ou valor de uma prestação administrativa *varia na directa proporção* do rendimento, do património ou consumo do contribuinte equivale a dizer que essa prestação *concorre directamente para a formação* da riqueza que o contribuinte manifesta».

A ser assim, aceitando que *a finalidade do tributo se dilui no pressuposto*, a argumentação subsequente perde, quanto a nós, importância: *i)* por um lado, torna-se menos relevante, no apuramento da natureza deste tributo, a questão de saber se as prestações pagas são efectivas, presumidas ou eventuais (até porque, no limite, essa discussão pode fazer-se em relação a todos os impostos), porque o benefício em que essas prestações se traduzem não é quantificado por si, mas por referência à capacidade contributiva (e económica) do beneficiário; *ii)* por outro lado, torna-se menos relevante também a questão da finalidade compensatória do tributo, porque a compensação por rendimentos perdidos é, afinal, a reposição dessa capacidade económica.

Ora, ao afirmarmos que a Segurança Social paga prestações substitutivas dos rendimentos perdidos, sabemos que ela considera esses rendimentos no princípio e no fim. No princípio, porque eles são a BIC e a taxa contributiva é proporcional. No fim, porque a prestação substitutiva dos rendimentos é tão aproximada quanto possível desses mesmos rendimentos (ou até porque – como revela a tendência mais recente – atende à dimensão desses rendimentos[39]). Contrariar a proporcionalidade da taxa – *i.e.*, quebrar a ligação entre o valor da prestação e o rendimento a substituir, ao abrigo do princípio da equivalência (por exemplo, compensando tão só pela perda do poder de ganho, independentemente do valor desse rendimento) – pressuporia, pelo menos, fixar um qualquer tecto contributivo (*"plafond"*). Esse freio com eficácia regressiva – afinal, a consequência inelutável e *natural* de qualquer forma de tributação pelo benefício – acalmaria o ímpeto expansionista do princípio da capacidade contributiva, pois que pelo menos a partir de certo valor de rendimentos, esses mesmos rendimentos seriam desconsiderados. O legislador tem, até ao momento, rejeitado esse caminho e uma das razões (a juntar, certamente, aos efeitos financeiros que o *"plafonamento"* teria no sistema[40]) é a de não querer cair na regressividade tributária, antes querendo salvaguardar, através da proporcionalidade ilimitada, as maiores possibilidades que o princípio da capacidade contributiva confere.

---

[39] Na verdade, como veremos adiante (ponto 3.2.3, § 2), o sistema de segurança social contempla hoje e cada vez mais, situações de variação inversa das prestações substitutivas, em razão do rendimento perdido a substituir, situação que seria repudiada num quadro de contributividade/ comutatividade pura.

[40] *Vide infra,* Capítulo III.

Curiosamente, a evolução legislativa verificada nos últimos anos, vai no sentido inverso (e vai mais longe): ainda que de forma limitada, prevêem-se tectos máximos ao valor de certas prestações, sem que isso seja acompanhado, como vimos, por qualquer "*plafonamento*" contributivo. Isso acontece, há já vários anos e sem melindre conceitual, relativamente ao subsídio de desemprego (antes, o limite estava fixado em três vezes o valor da remuneração mínima garantida, agora em três vezes o valor do Indexante dos Apoios Sociais, IAS[41]). A razão de ser para esta limitação – tolerada no contexto de um sistema contributivo – prendeu-se e prende-se com a necessidade de minimizar o risco moral, particularmente o fenómeno da *armadilha da pobreza*. A protecção no desemprego não deveria (não deve) constituir um desincentivo à procura de emprego nem à reintegração no mercado de trabalho e na vida activa.

No que diz respeito a todas as demais prestações, imediatas e diferidas, dificilmente o princípio da contributividade toleraria a introdução de limites superiores ao valor das mesmas. Ora, foi precisamente nas prestações diferidas – pensões de invalidez e de velhice –, as prestações *contributivas* por excelência[42], que o novo regime jurídico veio prever, ainda que em termos limitadamente atentatórios do princípio da contributividade, a introdução de um tecto máximo ao respectivo valor (cf. artigo 101.º do Decreto-Lei n.º 187/2007). Ainda assim, o legislador teve a preocupação de garantir que tal limite superior (fixado em 12

---

[41] Veja-se, a este propósito, a Lei n.º 53-B/2006, de 29 de Dezembro que criou o IAS e a Portaria n.º 106/2007, de 23 de Janeiro, que fixou o seu valor de partida, para o ano de 2007.

[42] Dizemos que estas são as prestações *contributivas* por excelência, porque se há prestações onde a importância da contributividade se faz sentir – em termos de saber por quanto se contribui e durante quanto tempo se contribui – é, de facto, no caso das prestações diferidas (pois que estas exigem a formação de direitos ao longo do tempo).

vezes o valor do IAS) só será aplicável às pensões ou à parcela das pensões que seja calculada segundo as regras antigas de cálculo, *maxime* segundo a regra de determinação da remuneração de referência, de acordo com a média das dez melhores remunerações dos últimos quinze anos de vida contributiva. Pelo contrário, todas ou pensões ou parcelas destas que sejam calculadas de acordo com as novas regras (remuneração de referência determinada pela média das remunerações de *toda* a carreira contributiva), não conhecerão qualquer limite superior.

Seja como for, a simples previsão do tecto máximo – mesmo que reservada a uma parcela do valor das pensões – introduz uma ideia nova no âmago do sistema previdencial (e que é o seu sistema de pensões): a ideia de que as pensões mais elevadas conhecem limite, que se não prevê para as pensões de menor valor, sendo estas, pelo menos teoricamente, as pensões atribuídas aos beneficiários que tiveram (e têm) mais baixos rendimentos. E a consideração da capacidade económica – ou da situação económica – do beneficiário não deixa, assim, de se fazer...

Vem a propósito, de resto, uma referência ao Acórdão recente do Tribunal Constitucional, o Acórdão n.º 188/2009 (Proc. n.º 505/08), no qual este se pronuncia sobre um pedido, feito pelo Provedor de Justiça, de declaração de inconstitucionalidade do mencionado artigo 101.º do Decreto-Lei n.º 187/2007. Estaria em causa a violação dos princípios da protecção da confiança, da proporcionalidade e da igualdade, bem assim, a violação do princípio da contributividade, constante no artigo 54.º da LBSS, já aqui citado. Estes argumentos foram rejeitados pelo Tribunal Constitucional, em termos que a seguir se reproduzem[43]:

---

[43] Para outros desenvolvimentos sobre as suas implicações no plano jurídico-constitucional, veja-se o nosso comentário a este Acórdão (Cabral, 2010b).

Relativamente ao **princípio da confiança**, o Tribunal considerou que: «Não pode dizer-se, em todo este condicionalismo, que a mutação da ordem jurídica tenha afectado de forma inadmissível as expectativas das pessoas abrangidas por esse novo regime de transição e que essa tenha sido uma alteração legislativa com que, razoavelmente, os destinatários não poderiam contar. E não pode deixar de reconhecer-se que a limitação do montante da pensão, entendida no quadro mais geral da reforma do sistema de segurança social, se encontra justificada pela necessidade de salvaguardar interesses constitucionalmente protegidos que devem considerar-se prevalecentes, como o princípio da justiça intergeracional e o princípio da sustentabilidade.»

Quanto à alegada violação do **princípio da proporcionalidade**, o Tribunal defendeu que: Objectivamente o regime precedente propiciava a obtenção de pensões mais elevadas através do aproveitamento, para efeito do cálculo do montante da pensão, do período contributivo mais favorável da fase final da actividade profissional. A nova lei intentou uma alteração estruturante do sistema de segurança social, com base em razões de justiça social e de sustentabilidade financeira, visando assegurar que a pensão reproduza com maior fidelidade as remunerações auferidas ao longo da vida profissional. O regime legal não foi pois estabelecido em vista de exigências pragmáticas de combate a situações de aproveitamento de deficiências legais para obtenção de benefícios injustificados, mas é antes a decorrência de um critério de cálculo do montante de pensões que se entende socialmente mais justo e que pretende responder, nesse plano, às modificações resultantes das alterações demográficas e económicas que têm reflexo no sistema de segurança social. Não pode dizer-se, neste contexto, que a fixação de um limite superior da pensão, abrangendo indistintamente quem tenha ou não manipulado o cálculo da pensão, deixe de contribuir para esse desígnio legislativo, nada permitindo concluir no sentido da invocada violação do princípio constitucional da proporcionalidade.»

Já no que diz respeito ao desrespeito pelo **princípio da igualdade**, entendeu o Tribunal Constitucional que Assente, por outro lado, que o legislador dispõe de liberdade de conformação para modificar o sistema legal, designadamente em matéria de direitos sociais, e estabelecer aí diferenciações de regime (fora das situações limite em que se encontre condicionado pelo princípio da *proibição do retrocesso social*), a única questão que pode colocar-se, no estrito plano da igualdade é a possível violação da proibição do arbítrio. É patente, porém, que a delimitação do campo subjectivo de aplicação da fórmula proporcional do cálculo do montante das pensões, bem como do limite superior do valor da pensão, apenas por referência aos beneficiários inscritos até 31 de Dezembro de 2001 não é, de nenhum modo, uma medida arbitrária. Por outro lado, através da segmentação dos períodos de transição, aplicando cálculos com diferentes modulações para os que iniciem a pensão até 31 de Dezembro de 2016 ou após essa data, o legislador mais não pretendeu, em ordem ao objectivo traçado, do que assegurar que a parcela da pensão que deverá ser calculada segundo as novas regras (P2) venha a assumir proporcionalmente um maior peso relativo na média ponderada das duas fórmulas de cálculo. Como logo se entrevê, não faz qualquer sentido pretender que a limitação do montante da pensão (que integra o regime transitório aplicável aos inscritos até 31 de Dezembro de 2001) devesse ser genericamente prevista para todos os beneficiários. Por um lado, a aplicação de um factor correctivo do limite da pensão só tem cabimento em relação àqueles que, por se encontrarem abrangidos pelo regime de transição, beneficiam ainda da aplicação parcial do regime de cálculo, mais favorável, do Decreto-Lei n.º 329/93, e que propiciava(...), a obtenção de pensões muito elevadas.»

Finalmente, quanto à invocada violação do **princípio da contributividade**, o Tribunal começa por recordar que: «A referência legal a uma *relação sinalagmática directa* entre a obrigação legal de contribuir e o direito às prestações parece pressupor um princípio contratualista de correspectividade entre os direitos e obrigações que integram a relação jurídica de segurança social. Mas diversos outros indicadores apontam no sentido de que o legislador pretendeu apenas referir-se à necessária interdependência entre o direito às prestações e a obrigação de contribuir, o que não significa que exista uma directa correlação entre a contribuição paga e o valor da pensão a atribuir.» E acrescenta: «O sinalagma a que se alude no artigo 54.º da Lei de Bases não pretende significar, por conseguinte, a existência de um vínculo de correlatividade entre o montante da pensão e o valor das remunerações sobre que incidiram as contribuições; antes revela um nexo de dependência recíproca que se estabelece entre duas obrigações: a *obrigação contributiva*, que recai sobre os beneficiários e entidades empregadoras, e a *obrigação prestacional*, que incumbe ao Estado, através das instituições de segurança social. Nestes termos, o *princípio da contributividade*, tal como se encontra formulado no artigo 54.º da Lei n.º 4/2007, pretende caracterizar essencialmente a ideia de autofinanciamento do sistema previdencial, distinguindo essa modalidade de protecção social, daquelas outras que assentam em regimes não contributivos.» Para concluir: «Visando o legislador, como se deixou esclarecido, acelerar a transição para a nova fórmula de cálculo, a desconsideração de parte das contribuições efectuadas sobre as remunerações mais elevadas de um determinado período da actividade profissional, por efeito da imposição de um valor máximo ao montante da pensão, constitui uma (outra) medida legislativa de concretização do princípio da contributividade tal como é hoje entendido. No ponto em que, em relação a esse universo de beneficiários, atenua a disparidade do sistema, por via da introdução de um factor correctivo, e possibilita uma aproximação ao regime geral.»

Para além do que antecede, um outro argumento pode ser retirado em prol do reforço do princípio da capacidade contributiva e do correlativo entorpecimento do princípio da equivalência. Esse argumento encontramo-lo no novo Código Contributivo e no facto de uma das suas principais novidades consistir no alargamento da BIC, com vista à sua aproximação à base de incidência fixada para efeitos fiscais (IRS). Na verdade, o elenco de prestações consideradas agora para efeitos de tributação social (cf. n.º 1 do artigo 46.º do CC) segue de perto o disposto no artigo 2.º do Código do IRS (CIRS) e o n.º 3 do mesmo artigo 46.º é claro ao afirmar que a sujeição a incidência de um conjunto significativo de prestações segue os termos previstos no CIRS. Mantendo embora como base de incidência apenas os rendimentos laborais ou profissionais, isto é, o factor de produção trabalho[44], a verdade é que ela é hoje uma base muito ampla, pelo que as contribuições sociais podem qualificar-se já como "*gross income tax*". Ora, como refere Vasques (2008a, pp. 455-457), o princípio da capacidade contributiva aponta para um número estreito de impostos, mas assentes em bases de incidência largas; contrariamente, o princípio da equivalência reclama a ideia de selectividade e a proliferação de tributos comutativos, cada qual com uma base de incidência estreita

---

[44] Adiante veremos que já não são de hoje as propostas que vão no sentido de um *alargamento da base de incidência tributária* a outros factores (v.g. capital), por exemplo, tributando-se o volume de negócios ou o valor acrescentado bruto.

e fragmentária. Ora, diversamente ao que sucede em outros países, que mantém fragmentada, por cada eventualidade, uma quotização (é o que sucede em França), o legislador português optou (de forma clara em 1986) por consagrar uma taxa contributiva global, cuja base de incidência tem vindo a ser progressivamente alargada, para servir uma pluralidade, cada vez mais alargada também, de finalidades de protecção social.

Veremos de seguida este e outros aspectos.

3.2.3. *Outros desvios ao princípio da equivalência*

§ 1. As taxas contributivas são objecto de desagregação; simplesmente, trata-se de uma mera desagregação financeira e não actuarial.

O valor da taxa contributiva (recorde-se que ela é de 34,75% no regime geral dos trabalhadores por conta de outrem) não é, teoricamente, um valor aleatório. Ele resulta de uma ponderação prévia dos custos que devem ser suportados pelo sistema previdencial – o custo da ocorrência dos riscos sociais em função da sua probabilidade. É isso, de novo, que exige a dimensão seguradora do sistema. Nada impediria que existissem para cada eventualidade ou grupos de eventualidades afins taxas específicas e diferenciadas, fixadas actuarialmente em função da probabilidade da ocorrência do risco subjacente (é isso, como dissemos, que sucede em França). Dessa forma, ficava clara a marca previdencial, mediante a afectação da receita de cada uma das taxas a cada um dos riscos específicos. No caso português, não é assim. Confirmando uma tendência que se esboçara a partir de 1977, consagrou-se entre nós, de forma inequívoca, desde 1986 – com o Decreto-Lei n.º 140-D/86, de 14 de Junho[45] – a

---

[45] E depois deste, pelos Decretos-Lei n.º 326/93, de 25 de Setembro, n.º 199/99, de 8 de Junho e, agora, muito recentemente, pelo novo Código Contributivo de que adiante trataremos.

existência de uma *taxa social única* (a partir de 1999, denominada *taxa contributiva global*), cujo valor global encerra o custo de todas as eventualidades que o sistema é chamado a suportar.

Ainda assim, a legislação sucessiva (Decreto-Lei n.º 326/93, de 25 de Setembro, Decreto-Lei n.º 200/99, de 8 de Junho e agora os artigos 50.º e 51.º do Código Contributivo) veio impor a necessidade de desagregar a taxa contributiva, com vista à afectação de cada uma das suas parcelas ao custo de cada eventualidade. A esta técnica se dá o nome de desagregação da taxa contributiva global[46]. Como nos esclarece Neves (1996), duas soluções poderiam ser pensadas entre nós. A primeira, denominada método da *desagregação actuarial*, pressuporia naturalmente a existência de uma taxa contributiva global, simplesmente far-se-ia a desagregação prévia da taxa, por afectação inicial das parcelas desta ao financiamento de cada eventualidade[47]. A este método se denomina também de distribuição *ex ante* e ele implica uma constante avaliação e, se for caso disso, revisão do valor da taxa, em função do aumento ou diminuição da probabilidade (actuarial) de ocorrência dos riscos em causa. O segundo método, denominado de *desagregação financeira*, serve propósitos sobretudo de gestão financeira do sistema que implica um mero exercício *a posteriori* de avaliação da situação financeira do sistema previdencial e das suas necessidades de financiamento, sendo por isso pautado por grande rigidez. Significa isto que a desagregação financeira convive mal com a revisão em função da evolução dos riscos (da probabilidade da sua ocorrência) e traduz um claro afastamento perante as exigências de comutatividade ou correspectividade, tecnicamente próprias de um regime de seguro social estrito (Neves, 2003). No limite, ainda que o valor da

---

[46] Sobre as vantagens da introdução da desagregação na taxa contributiva global, leia-se Maia (1997).

[47] Este método foi utilizado, entre nós, até 1977, no âmbito do anterior sistema de previdência social, herdado do Estado Novo.

taxa contributiva global não seja totalmente arbitrário, ele pode apresentar-se desfasado, desadequado, em face do custo da protecção a que se destina.

Compare-se a desagregação constante do anterior diploma aplicável, o Decreto-Lei n.º 200/99 (Quadro II) e a que resulta do actual Código Contributivo (Quadro III). Assim:

Quadro II
Desagregação da taxa contributiva global no Decreto-Lei n.º 200/99

Taxa desagregada – Percentagem

Eventualidades	Total	Custo técnico das prestações	Administração	Solidariedade laboral	Políticas activas de emprego e formação profissional
Encargos familiares	2,15	1,90	0,06	0,19	
Doença	3.05	2,70	0,08	0,27	
Doenças Profissionais	0.50	0,16	0,00	0,34	
Maternidade	0,73	0,65	0,02	0,06	
Desemprego	5,22	3,59	0,11	0.36	1,16
Invalidez	3,42	2,51	0,08	0,25	0,58
Velhice	16,01	14,16	0,44	1,41	
Morte	3,67	3,25	0,10	0,32	
Total global	34,75	28,92	0,89	3,20	1,74

Quadro III
Desagregação da taxa contributiva global no Código Contributivo

Taxa desagregada – Percentagem

Eventualidades	Total	Custo técnico das prestações	Administração	Solidariedade laboral	Políticas activas de emprego e formação profissional
Encargos familiares	Não aplicável	Não aplicável	Não aplicável	Não aplicável	
Doença	1,41	1,33	0,03	0,04	
Doenças Profissionais	0.50	0,06	0,00	0,44	
Parentalidade	0,76	0,72	0,02	0,02	
Desemprego	5,14	3,76	0,09	0.12	1,16
Invalidez	4,29	3,51	0,09	0,12	0,58
Velhice	20,21	19,10	0,48	0,63	
Morte	2,44	2,31	0,06	0,08	
Total global	34,75	30,79	0,77	1,45	1,74

Ora, conquanto a actual LBSS consagre a regra, no n.º 3 do seu artigo 57.º, de que «as taxas contributivas são fixadas, *actuarialmente,* em função do custo de protecção nas eventualidades...» (itálico nosso), a verdade é que, de há muito, se em Portugal abandonou a técnica da desagregação actuarial, para se preferir – por se considerar mais consentâneo com o regime de repartição estrita – o método da desagregação financeira. Na verdade, a razão de ser para o valor da taxa contributiva global prende-se hoje menos com o custo técnico das eventualidades e cada vez mais sobretudo com razões de financiamento do sistema.

E se é certo que, internamente a taxa contributiva global tem vindo a ser manuseada, para fazer reflectir a evolução do custo técnico de certas eventualidades ou de outros custos associados, ou a até ausência de qualquer custo para o sistema previdencial (na medida em que este tenha sido assumido pelo orçamento do Estado[48]), a verdade é que, na sua globalidade, a taxa não sofre alteração desde 1995[49]. Podemos dizer que o

---

[48] Isso aconteceu, como vimos antes (ponto 1.2.), em relação quer às prestações familiares, quer aos complementos sociais das pensões, quer à invalidez absoluta.

[49] O valor das taxas contributivas sofreu entre nós a seguinte evolução: em 1977, o seu valor foi fixado em 26,5% (7,5% pelo trabalhador e 19,0% pela entidade empregadora); em 1979, o valor subiu para 28,5% (8,0% pelo trabalhador e 20,5% pela entidade empregadora); em 1981, o valor atingiu os 29,0% (8,0% pelo trabalhador e 21,0% pela entidade empregadora); em 1986, o valor subiu ainda para os 35,5% (11,0% pelo trabalhador e 24,5% pela entidade empregadora). Se é certo que as subidas sistemáticas do valor da taxa ocorridas entre 1977 e 1995, ficaram a dever-se à revisão dos custos das eventualidades cobertas, já a diminuição ocorrida em 1995 terá sido justificada como contrapartida da elevação, ocorrida no mesmo ano, das taxas do IVA, com a correspondente consignação de receita à segurança social. Desde então, com efeito, a desagregação da taxa contributiva global tem assumido entre nós um carácter puramente financeiro.

eventual aumento ou redução da taxa contributiva global será, no futuro, ditada fundamentalmente por razões de ordem financeira ou por razões de natureza económica: o aumento será explicado pela necessidade de assegurar o equilíbrio orçamental de curto prazo ou a sustentabilidade de longo prazo; a redução, pela necessidade de diminuir os custos não-salariais da mão-de-obra que recaem sobre as empresas.

§2. As taxas contributivas não servem apenas para suportar o custo técnico das eventualidades e custos de administração[50]; suportam também o esforço de solidariedade laboral (dimensão redistributiva)

A eficácia (re)distributiva das contribuições sociais não pode ser avaliada somente em si mesma. Ela resulta da articulação, da *ligação funcional*, que as contribuições têm com as prestações do sistema previdencial. Podemos, na verdade, considerar, que o legislador não se basta hoje com as possibilidades que a proporcionalidade da taxa contributiva encerra, na concretização da ideia de capacidade contributiva. Vai mais longe e reclama mecanismos redistributivos, relevando a dimensão dos rendimentos no valor das prestações. Assim sendo, vejamos.

Tendo presente ainda a desagregação da taxa contributiva global, importa começar por assinalar que as contribuições servem para financiar a *solidariedade laboral*, princípio que – já desde 2000 – vem sendo assumido como princípio informador do sistema previdencial. Agora, ele aparece de forma inequívoca,

---

[50] Por força do n.º 4 do artigo 90.º da LBSS, as despesas de administração são financiadas através das fontes correspondentes aos sistemas de protecção social de cidadania e previdencial, na proporção dos respectivos encargos. Assim sendo, e uma vez que o sistema previdencial é financiado por contribuições sociais, a estas cabe financiar as despesas de administração respectivas (o que aliás consta da própria desagregação da taxa contributiva global, de que antes falámos).

desde logo, na alínea *b)* do n.º 2 do artigo 8.º da LBSS, quando dispõe que o princípio da solidariedade se concretiza «no plano laboral, através do funcionamento de *mecanismos redistributivos* no âmbito da protecção de base profissional» (itálico nosso). Trata-se este, de um princípio atípico, algo aberrante, no quadro da tradição previdencial que desconhece em absoluto intenções de índole redistributiva ou a promoção de igualdade vertical. O que se pretende com tal princípio, é que o sistema previdencial, no desenho da relação prestacional, concretize mecanismos de correcção de desigualdades económicas, atribuindo progressivamente mais de prestação a quem menos pode e menos a quem mais pode. E com isso quebra, inevitavelmente, o esquema sinalagmático típico do "modelo" dos seguros sociais, ao mesmo tempo que faz uma importante concessão ao princípio da capacidade contributiva. Tradicionalmente, estavam abrangidos por este conceito de solidariedade laboral, e por isso integrados no financiamento através da taxa contributiva global: *i)* os encargos decorrentes das situações de antecipação da idade de acesso à pensão de velhice ou outras situações de ausência ou diminuição de suporte contributivo específico; *ii)* a perda ou diminuição de receita associada à fixação de taxas contributivas mais favoráveis. Com a aprovação da LBSS e sobretudo do Decreto-Lei n.º 367/2007 (cf. alíneas *e)* e *f)* do n.º 1 do artigo 11.º e n.ºˢ 3 e 4 do mesmo artigo 11.º, respectivamente), essas despesas ou diminuição de receita passam ser integradas no sistema de protecção social de cidadania e, por isso, financiadas pelo OE[51]. O que resta então hoje à "solidariedade laboral" incluída no valor da taxa contributiva global?

---

[51] Excepto quando se trate de redução de taxas no quadro de medidas de apoio ao emprego, caso em que o financiamento é partilhado equitativamente pelo OE e pelas contribuições sociais (cf. n.º 4 do artigo 11.º do referido Decreto-Lei).

Curiosamente, trata-se de um verdadeiro "canal" de redistribuição e vamos encontrá-lo, mais uma vez, no regime das pensões de invalidez e de velhice, tendo por base o princípio da *diferenciação positiva das taxas de substituição das pensões a favor dos beneficiários com mais baixas remunerações* (cf. n.º 3 do artigo 63.º da LBSS). Na verdade, por força das novas regras de cálculo das pensões introduzidas em 2002 (Decreto-Lei n.º 35/2002, de 19 de Fevereiro[52]), o valor da pensão corresponde ao produto da remuneração de referência pela taxa de formação, sendo que a taxa de formação é agora variável (entre 2,0% e 2,3% ao ano) não apenas em razão da dimensão da carreira contributiva (ela será tanto mais elevada quanto maior aquela for), mas também em função do valor da própria remuneração de referência. Assim, potencialmente, um beneficiário de mais baixos recursos poderá almejar ter uma taxa de formação máxima se tiver uma carreira longa, algo de que um beneficiário abonado não poderá gozar, ainda que longa seja a sua carreira. Em consequência, a taxa de substituição das pensões de beneficiários de baixos rendimentos pode atingir 100% do valor da remuneração referência (e até, no limite, ultrapassar tal valor[53]), ao passo que para as remunerações mais elevadas, a taxa de substituição não ultrapassará os 80% (*regressividade das taxas de substituição*)[54].

---

[52] Este Decreto-Lei foi agora revogado pelo novo regime jurídico das pensões de invalidez e de velhice, aprovado pelo Decreto-Lei n.º 187/2007, de 10 de Maio, o qual veio assumir as inovações introduzidas por aquele no tocante ao cálculo das pensões, ainda que lhes tenha acrescentado o *factor de sustentabilidade* como elemento novo a considerar nesse cálculo.

[53] Por força da incidência fiscal subsequente.

[54] Nos termos do *Acordo celebrado pelo Governo e pelos parceiros sociais sobre a Reforma da Segurança Social* (Outubro de 2006), ficou ainda contemplada a alteração do regime da *pensão de sobrevivência,* no sentido de que o valor desta passasse a ser calculada em função dos rendimentos do cônjuge sobrevivo. Para tanto, seriam considerados os rendimentos do cônjuge

Ou seja e em suma, o mecanismo da diferenciação positiva das taxas de substituição das pensões quer, afinal, significar a ideia – completamente anómala no contexto tradicional da contributividade – de que devem financiar mais o sistema previdencial os que mais podem e beneficiar mais dele os que menos podem.

§ 3. As taxas contributivas financiam também as políticas activas de emprego e formação profissional.

A actual LBSS reiterou, no n.º 2 do seu artigo 90.º, a ideia de que as contribuições sociais, além de financiarem as prestações do sistema previdencial, financiam também as políticas activas de emprego e de formação profissional. Esta regra concretiza-se, depois, de novo, na desagregação da taxa contributiva global, pois que uma percentagem da taxa é destinada a esse fim[55]. Ora, o certo é que o pagamento desta parcela de taxa não dá qualquer garantia, nem no imediato, nem no futuro, de que o contribuinte em causa vá gozar da respectiva contrapartida: isto é, do benefício de políticas activas de emprego e de formação. É certo que estas políticas estão fundamentalmente associadas à protecção no desemprego e constituem, neste esquema de protecção, uma de entre outras medidas de que o desempregado *pode vir* a beneficiar (trata-se das denominadas *medidas activas* de protecção no desemprego). Nesta medida, elas seriam ainda uma componente do sinalagma – a percentagem destinada à protecção no desemprego destinar-se-ia a financiar também este tipo de medidas activas.

---

sobrevivo que ultrapassem um determinado limite e o rendimento *per capita* a que ele teria direito, tendo em conta o valor da pensão de velhice ou de invalidez que o beneficiário recebia ou que lhe seria calculada à data do seu falecimento.

[55] Como vimos no ponto anterior, o financiamento pela via contributiva mantém-se a 50% (os restantes 50% são suportados pelo OE).

Simplesmente, o desenvolvimento de um conjunto muito genérico e diversificado de programas e projectos no domínio das políticas sociais e que passam justamente pela promoção de medidas na área do emprego, da formação profissional e até na área laboral (condições de trabalho), faz com que estas extravasem o âmbito estrito da protecção no desemprego. Daí a sua gestão estar cometida a um organismo na área no emprego e não na área da segurança social, o Instituto do Emprego e Formação Profissional. Esta ideia de generalidade, de afectação genérica – e até indiferenciada – a um conjunto de políticas, programas e projectos adequa-se mal à perspectiva sinalagmática e ao princípio da equivalência.

§ 4. *Desagravamentos estruturais e a extra-fiscalidade no domínio das taxas contributivas*

Começa por ser a LBSS, no n.º 3 do seu artigo 57.º, a prever a «possibilidade de adequações (das taxas contributivas), designadamente em razão da natureza das entidades contribuintes, das situações específicas dos beneficiários ou de políticas de emprego». Já não é recente todavia a concretização destas adequações: o Decreto-Lei n.º 199/99, de 8 de Junho, vem regulando, até à data, esta matéria. O Código Contributivo recupera grande parte das soluções que já constam deste outro diploma, pelo menos no que diz respeito aos grandes critérios relevantes para justificar essas mesmas adequações e, bem assim, à técnica utilizada e que está subjacente a essas opções. Neste ponto, o CC mantém a tradição "anti-fiscal": o discurso, a metalinguagem e a técnica empregue são ainda redutos específicos da Segurança Social. Se, como vimos em relação à BIC (objectiva), existe uma clara aproximação à técnica dos impostos, aqui, pelo contrário, o distanciamento mantém-se. O que não significa que o intérprete, o leitor não possa procurar essa aproximação, trazendo para a leitura do CC o universo semântico usado no discurso fiscal e procurando encontrar assim, do ponto de vista dogmático, uma construção comum.Vejamos então.

No universo contributivo da Segurança Social, o termo usualmente empregue para enquadrar as adequações da taxa contributiva global é o de «taxas contributivas mais favoráveis» (veja-se o artigo 56.º do CC). Segue-se, tradicionalmente, a categorização destas taxas mais favoráveis (veja-se o elenco do n.º 1 deste artigo), em razão dos seguintes critérios atendíveis:

- *Redução do âmbito material de protecção*: estarão neste caso as situações dos membros dos órgãos estatutários das pessoas colectivas e entidades equiparadas (artigos 61.º ss. do CC), os trabalhadores no domicílio (artigos 71.º e ss.), os praticantes desportivos profissionais (artigos 74.º ss.), trabalhadores em regime de contrato de trabalho de muito curta duração (artigos 80.º ss.), trabalhadores em situação de pré-reforma (artigos 84.º ss.), pensionistas em actividade (artigo 89.º ss.) e trabalhadores em regime de trabalho intermitente (artigos 92.º ss.);
- *Sectores de actividade economicamente débeis*: para integrar quer os trabalhadores em actividades agrícolas (artigos 95.º e 96.º), quer os trabalhadores de pesca costeira e local (artigos 97.º ss.);
- *Adopção de medidas de estímulo ao aumento de postos de trabalho*: medidas transitórias, previstas quer no artigo 57.º, quer nos artigos 100.º ss. do CC;
- *Adopção de medidas de estímulo ao emprego relativas a trabalhadores que, por razões de idade, incapacidade para o trabalho ou de inclusão social sejam objecto de menor procura no mercado de trabalho*: para incluir medidas de incentivo à permanência no mercado de trabalho de trabalhadores com pelo menos 65 anos de idade (artigos 105.º ss.), bem como à contratação de trabalhadores com deficiência (artigos 108.º e 109.º);

- *Inexistência de entidade empregadora*: para incluir a situação dos trabalhadores ao serviço de entidades empregadoras sem fins lucrativos (artigos 110.º ss.) e dos trabalhadores do serviço doméstico (artigo 116.º ss.).

Para além destas, prevê-se ainda *a adequação das taxas contributivas à modalidade de contrato de trabalho:* esta é uma das maiores novidades do CC em face da legislação precedente e traduz-se no facto de a taxa ser reduzida se a modalidade for o contrato de trabalho por tempo indeterminado e ser aumentada se a modalidade for o contrato de trabalho a termo resolutivo (cf. artigo 55.º). Contrariamente às situações antes referidas, em que as taxas são sempre inferiores à taxa contributiva global, aqui e na segunda opção contratual, ela é superior.

Resulta indiscutível quer da letra, quer da *ratio* dos preceitos *supra,* no que às taxas mais favoráveis diz respeito, que se trata, na maior parte dos casos, de reduções *de natureza permanente.* Ou seja, estas taxas mais favoráveis aplicar-se-ão sempre, a quem reúna os pressupostos de facto para delas poder beneficiar e nos termos aí previstos, até que o legislador decida alterar a lei. Mas, para além disso, o CC (artigo 57.º) – à semelhança do que também já resultava do Decreto-Lei n.º 199/99 – contempla a possibilidade de serem estabelecidas medidas excepcionais e temporárias de incentivo ao emprego que determinem a redução ou a isenção da taxa contributiva, tendo em vista: *i)* o aumento dos postos de trabalho (como vimos antes); *ii)* a reinserção profissional de pessoas afastadas do mercado de trabalho[56]; *iii)* a permanência dos trabalhadores em condições de acesso à pensão de velhice nos seus postos de trabalho.

---

[56] Por exemplo, os ex-reclusos.

Importa ainda fazer notar − e este é um aspecto muito importante − que as medidas de adequação da taxa contributiva global em causa podem respeitar à parte suportada, quer pela entidade empregadora, quer pelo trabalhador ou a ambas as partes (cf. n.º 1 do artigo 56.º).

Posto isto, propomo-nos agora tentar transpor a técnica e a linguagem fiscais para o domínio das taxas contributivas mais favoráveis. Se verificarmos bem, todas as situações elencadas traduzem medidas de desagravamento tributário (podemos usar, apenas por conveniência semântica, o termo desagravamento fiscal). Como é sabido, os desagravamentos fiscais − existindo, entre nós, importante doutrina sobre o assunto[57] − podem desdobrar-se em *desagravamentos de natureza estrutural* e em *benefícios fiscais*. Estes últimos, que podem por sua vez ter natureza estática ou dinâmica (no primeiro caso, serão benefícios fiscais *stricto sensu*, no segundo, incentivos fiscais), são definidos pelos n.º 1 do artigo 2.º do Estatuto dos Benefícios Fiscais (EBF), como «as medidas de carácter excepcional instituídas para tutela dos interesses públicos extrafiscais relevantes que sejam superiores aos da tributação que impedem».

Por outro lado, note-se que enquanto os desagravamentos estruturais − os quais, genericamente, abrangem as situações de exclusão tributária − são justificadas pelos princípios informadores do sistema fiscal (igualdade tributária em sentido material, justiça social, etc.), os benefícios fiscais traduzem, pelo contrário, situações de não tributação justificadas por razões externas

---

[57] Por exemplo, Gomes (1991), Nabais (2003), Santos (2003) Martins (2004 e 2006), Gouvêa (2006) e Dourado (2007). Veja-se ainda o relatório do Grupo de Trabalho, constituído por despacho do Ministro das Finanças, sobre *Reavaliação dos Benefícios Fiscais* (2005), coordenado por Luís Máximo dos Santos.

ao sistema fiscal e aos seus princípios informadores, designadamente de natureza económica e/ou social. Nessa medida, os benefícios sociais constituem, eles mesmos, um instrumento de prossecução de fins extrafiscais. Por isso mesmo também, enquanto os desagravamentos de natureza estrutural são desagravamentos fiscais (no sentido próprio do termo) e devem ser eminentemente ponderados no quadro do Direito Fiscal, já os benefícios fiscais são desagravamentos extrafiscais, de raiz económica, social ou outra, e constituem por isso um "capítulo" do Direito Económico (na sua acepção mais ampla).

Isto considerado e contrariamente ao que sucede em relação aos desagravamentos de natureza estrutural, devem os benefícios fiscais ter *natureza temporária e excepcional*. É isso mesmo que resulta, ainda que com alguma hesitação conceitual, do n.º 1 do artigo 14.º da Lei Geral Tributária (LGT). Essa natureza temporária e excepcional reclama, entre outras coisas, a sua duração limitada (em regra, 5 anos) e/ou a seu avaliação periódica por parte do decisor financeiro. Isso parece claro, atendendo àquela que é uma das suas principais características: a prossecução justificada de finalidades extrafiscais e que estas sejam valoradas pelo legislador como interesse superior aos fins fiscais ínsitos na tributação. Mas mais do que isso, a subsistência do benefício fiscal parece exigir a aprovação num duplo teste: *i)* o *teste da eficácia*, comprovando-se que o benefício fiscal favorece inequivocamente a concretização do objectivo extrafiscal relevante; *ii)* o *teste da indispensabilidade*, provando-se que esse objectivo é alcançado única e exclusivamente por causa da existência desse benefício. Logo, o benefício fiscal deve ser abandonado numa de duas circunstâncias: quando se verifique a sua falta de eficácia, ou seja, quando falecem os objectivos para que tinha sido criado ou então quando se verifique que os objectivos para que foi atribuído, seriam alcançados, mesmo que inexistindo o benefício. Neste segundo caso, o legislador deve compreender que a sua tolerância fiscal em relação àquele sector ou agente económico é dispensável e que a reabilitação da normalidade ablativa não impede que o mercado em causa (de bens ou de factores) alcance, por si só, o resultado económico ou social pretendido[58].

Partindo destes conceitos fundamentais, vejamos então como podem eles ser usados em relação às diversas taxas contributivas mais favoráveis antes enunciadas. O recurso a critérios retirados do Direito Fiscal e a utilização da técnica fiscal, como bem se vê, conduz necessariamente a um arranjo distinto dessas mesmas taxas do que aquele que foi seguido pelo legislador no CC, tendo por base a grande separação que fizemos entre desagravamentos de natureza estrutural e benefícios fiscais (sociais) propriamente ditos. Para além disso, é preciso não esquecer que este primeiro critério distintivo se entrecruza com um outro, aqui já sobejamente tratado, o da subsistência de elementos ambivalentes nas contribuições sociais: assim, nuns casos, a redução da taxa é ainda fundamentalmente justificada pela tradição previdencial e pela ideia de equivalência ou bilateralismo; noutros casos, pelo contrário, as concessões ao princípio da capacidade contributiva fazem-se sentir, permitindo distinguir então entre desagravamentos de natureza estrutural e benefícios fiscais. De resto, a ideia em-si-mesma de prossecução de fins extrafiscais através de benefícios fiscais (neste caso, no sistema tributário da Segurança Social), é uma ideia habitual num "sistema" de capacidade de contributiva e é bastante mais forçada num "sistema" de benefício (ainda que possa verificar-se).

De acordo com estes considerandos, podemos rearrumar as «taxas contributivas mais favoráveis» nos seguintes grupos:

---

[58] Enquanto *despesa fiscal* (sobre o assunto, Martins, 2004), os benefícios fiscais devem ser ainda objecto de *orçamentação*. Isso mesmo resulta claro do artigo 32.º da LEO, de onde resulta que do OE deve fazer parte o Mapa XXI, relativo às receitas tributárias cessantes, incluindo as da segurança social.

1. *Desagravamentos (estruturais) justificados à luz da aplicação do princípio da equivalência*, os quais correspondem a todas as situações de redução da taxa contributiva, por virtude da redução do âmbito material de protecção (artigos 61.º a 92.º). Neste contexto de ligação sinalagmática do esforço contributivo à contrapartida prestacional, verifica-se que quando o trabalhador não beneficie da totalidade da protecção (ou seja, em todas as eventualidades integradas no valor da taxa contributiva global), ele e a respectiva entidade empregadora deverão ver reduzidas as respectivas taxas, na proporção da redução do âmbito material de protecção. No limite, essa redução deve equivaler ao valor do custo técnico da eventualidade de cuja protecção o beneficiário ficará a descoberto. Um exemplo ilustrativo: os trabalhadores no domicílio não são abrangidos pela protecção no desemprego. A sua taxa corresponde pois ao valor da taxa contributiva global (34,75%), menos o valor do custo técnico da eventualidade desemprego (5,14%) – a taxa a suportar será de 29,6% (cf. artigos 72.º e 73.º do CC).
2. *Desagravamentos justificados à luz do princípio da capacidade contributiva:*
   • *Desagravamentos estruturais.* Trata-se, neste caso, de desagravamentos tributários (e não tanto situações de exclusão tributária[59]) que se justificam à luz de princípios ínsitos ao sistema tributário da Segurança Social (justiça social e, claro está, como aceitamos, o princípio da capacidade contributiva). Curiosamente, os grandes "benefi-

---

[59] Como veremos melhor adiante, contrariamente ao que sucede em alguns outros ordenamentos (v.g. Reino Unido), entre nós não está prevista, no sistema de segurança social, o *princípio do mínimo de existência*, o qual excluiria da tributação todos os trabalhadores cujos rendimentos se situassem abaixo de um determinado limite.

ciários" deste tipo de redução não são por via de regra os trabalhadores; são sim as respectivas entidades empregadoras. É que se passa sempre estas entidades sejam destituídas de finalidade lucrativa, como sucede com as entidades elencadas no artigo 111.º do CC[60] e com as entidades empregadoras no serviço doméstico. O legislador assume desta forma que a ausência de intuito lucrativo é um bom indício de menor capacidade económica por parte do empregador.

• *Benefícios fiscais propriamente ditos*. Os benefícios fiscais referidos no CC são de dois tipos. Em primeiro lugar, o CC consagra expressamente alguns *benefícios fiscais estáveis*. Como há pouco dissemos, os benefícios fiscais devem, tendencial e desejavelmente, ser de natureza temporária e excepcional. No nosso ordenamento jurídico, a coberto aliás de uma certa indefinição conceitual do já mencionado artigo 14.º da LGT, tem-se aceite que certos benefícios fiscais gozem de uma maior dose de estabilidade do que outros. Isto mesmo tinha já estado subjacente à aprovação do EBF, pois que com ele se pretendeu conferir uma maior permanência temporal a certo tipo de benefícios fiscais[61]. Ora, o CC parece agora assumir-me como o "EBF" na área da Segurança Social, pois que consagra, desde já, com carácter de tendencial permanência ou estabilidade, um conjunto significativo de benefícios sociais: é o que sucede com a protecção às actividades economicamente débeis (agricultura e pesca local e costeira) e com

---

[60] Destas, destacamos além das entidades administrativas públicas, as instituições particulares de solidariedade social, as associações, fundações e cooperativas.

[61] Sobre o assunto, o já mencionado Relatório do Grupo de Trabalho, sobre a *Reavaliação dos Benefícios Fiscais* (p. 35).

certos incentivos à permanência no mercado de trabalho (por exemplo, de pessoas com deficiência). Para além destes benefícios – que já constavam da anterior legislação –, surge agora, como novidade, a previsão de diminuição da parcela da taxa suportada pela entidade empregadora, em caso de opção pela celebração de contrato de trabalho por tempo indeterminado (n.º 1 do já referido artigo 55.º). O que está aqui em causa é, novamente, a prossecução de uma finalidade extrafiscal, no caso, a instrumentalização das taxas contributivas à realização de certos objectivos de política laboral (a estabilidade das relações jus-laborais)[62].
Em segundo lugar, o CC abre ainda a possibilidade de criação de *benefícios fiscais temporários e transitórios* (cf. artigos 57.º e 100.º), tendo em vista designadamente o estímulo à criação de postos de trabalho e à reinserção profissional de pessoas afastadas do mercado de trabalho (desempregados de longa duração, jovens à procura do primeiro emprego, ex-reclusos, etc.). De acordo com o mesmo artigo 100.º, a concretização destas medidas far-

---

[62] Diversamente, podemos considerar que a previsão de agravamento da parcela taxa que impende sobre o empregador, em caso de opção por contrato a termo, significa utilizar, pelo menos na parte em esse agravamento se traduz, um *imposto extrafiscal* sob a forma de agravamento (extrafiscal). Nas palavras de NABAIS (2003, pp. 404 e 405), «trata-se dos impostos sufocantes na terminologia alemã e dos *destructive taxes* na designação anglo-saxónica, cuja finalidade principal é, em direitas contas e no limite, evitar ou obstar à verificação do respectivo pressuposto de facto ou facto gerador». Trata-se, ainda segundo o mesmo autor, de medidas de intervenção económica e que, por isso, não devem ser subsumidas à *constituição fiscal*, subordinada aos princípios de uma exigente legalidade e da igualdade tributária (através da capacidade contributiva), devendo antes subordinar-se à *constituição económica*, ancorada num princípio flexível de legalidade e nas exigências do princípio da proibição do excesso ou da proporcionalidade *lato sensu*».

-se-á por decreto-lei[63], podendo assumir a forma de isenção total ou parcial da taxa contributiva que é suportada pelas entidades empregadoras[64].

§ 5. *A falta do cumprimento da obrigação contributiva (maxime da obrigação de pagar as contribuições) que não seja imputável ao trabalhador, nem implica a perda do direito às prestações*
A função garantística do Direito da Segurança Social vai muito para além do que aquilo que seria aceitável num modelo de seguro típico. É isso que justifica a previsão daquela regra no n.º 4 do artigo 61.º da LBSS, devidamente sustentada desde logo no plano constitucional e na afirmação universalizante aí contida, «todos têm direito à segurança social» (n.º 1 do artigo 63.º da Constituição). Daqui resulta que, do ponto de vista constitucional, o direito à segurança social constitui um verdadeiro *direito de cidadania,* ideia que se adequa mal à perspectiva seguradora e ao próprio princípio do benefício enquanto critério de tributação.

A Segurança Social exerce uma função social, de atribuição de direitos às prestações sociais, ainda que não seja (pelo menos desde logo) paga por isso. A garantia de atribuição dessas prestações aos beneficiários é possível – como veremos adiante com mais detalhe – em virtude da existência de alguns expedientes ou mecanismos próprios do sistema, como sejam o registo oficioso de remunerações e as declarações oficiosas, para além da

---

[63] O que, como veremos mais adiante (Capítulo II, ponto 1), tem implicações do ponto de vista constitucional, mormente à luz do princípio da legalidade fiscal.

[64] É isto que resulta, *a contrario*, da leitura do artigo 101.º CC e também da *ratio legis*: quando se trata de procurar estimular o emprego e a criação de postos de trabalho, o beneficiário directo desse estímulo são ou devem ser as empresas-empregadoras (ao passo que os trabalhadores beneficiam, indirectamente, sendo contratados).

aplicação dos regimes contra-ordenacional ou criminal a que haja lugar por incumprimento das obrigações contributivas cometidas às entidades empregadoras respectivas.

§ 6. *O instituto do registo de remunerações por equivalência constitui, também ele, um instrumento de solidariedade no seio do sistema previdencial.*

Para além do registo oficioso por incumprimento de obrigações pelos contribuintes, existem outras formas de registo oficioso, justificadas por razões de solidariedade e que, à luz da perspectiva previdencial pura, podem ser consideradas um contra-senso e merecer, por isso, contestação (Belorgey, 1995). Trata-se do *registo de remunerações por equivalência*, instituto que tem na segurança social portuguesa uma história já antiga (anos sessenta). Hoje, esta forma de registo está genericamente prevista no artigo 17.º do CC e, depois, sectorialmente, na legislação aplicável a cada uma das situações onde tenha lugar. Nos termos daquele artigo 17.º, «a equivalência à entrada de contribuições é o instituto jurídico que permite manter os efeitos da carreira contributiva dos beneficiários com exercício de actividade que, em consequência da verificação de eventualidades protegidas pelo regime geral, ou da ocorrência de outras situações consideradas legalmente relevantes, deixem de receber ou vejam diminuídas as respectivas remunerações».

O registo de remunerações por equivalência tem, assim, por escopo fundamental evitar que os beneficiários em causa, em certas situações de inactividade temporária, possam ver prejudicado o direito à formação da pensão (de velhice nomeadamente), em virtude dos hiatos contributivos provocados por aquelas situações. Há como que uma *ficção* de entrada de contribuições, a que se dá relevância jurídica similar. O instituto em apreço cobre, em nossa opinião, dois tipos de situações.

Em primeiro lugar, situações pontuais ou excepcionais de paragem temporária de actividade, às quais sejam atribuídas por lei (ou outros diplomas infra-legais) compensações ou apoios, sucedâneos da retribuição. Nestes casos e durante o período em causa, não há, porque não pode haver, pagamento de retribuição – logo, não há entrada de contribuições para a segurança social. Ainda assim, pode o membro Governo competente determinar que a situação em apreço dê lugar a registo de remunerações por equivalência à entrada de contribuições. Os exemplos recentes ilustrativos deste primeiro tipo de situações são: *i)* os casos de inactividade temporária no sector das pescas, dando lugar ao pagamento de uma compensação aos trabalhadores[65]; *ii)* os casos de inactividade (e de suspensão de laboração) causada por eventos imprevistos e calamitosos.

Em segundo lugar, há lugar a registo de remunerações por equivalência quando o beneficiário esteja a receber prestações imediatas da segurança social (por desemprego, doença, parentalidade, etc.), sendo certo que, nestes casos, não está a ser remunerado pela respectiva entidade empregadora e não há por isso entrada de contribuições na segurança social. Tal equivalência é dada directamente pela legislação aplicável a cada uma das prestações imediatas em apreço[66]. Também aqui se pretende evitar que durante tais períodos de inactividade, o trabalhador não seja lesado nos seus direitos à protecção social, designadamente no que diz respeito à formação do direito à sua pensão.

Pelo que antecede, pode afirmar-se que a equivalência à entrada de contribuições, enquanto ficção que é, empresta enfim

---

[65] Assim aconteceu no âmbito da política das pescas implementada pela Comunidade Económica Europeia e dos acordos celebrados entre esta e Portugal.

[66] A título de exemplo, veja-se, para o caso do desemprego, o artigo 80.º do Decreto-Lei n.º 220/2006, de 3 de Novembro, que consagra o respectivo regime do registo de equivalências.

ao sistema previdencial um sentido solidarista que lhe não adviria se a lógica da contributividade fosse aplicada na pureza do conceito.

4. Considerações finais; proposta de definição das contribuições sociais

Como definir, assim, a contribuição para a segurança social? Consideramo-la hoje uma *prestação pecuniária de carácter obrigatório e definitivo, afecta ao financiamento de uma ampla categoria de despesas do sistema previdencial de segurança social e de outras, designadamente das políticas activas de emprego e de formação profissional, pagas em favor de uma entidade de natureza pública, tendo em vista a realização de um fim público de protecção social.*

Desta definição, podemos retirar os seguintes elementos característicos:

1.º <u>É uma prestação de carácter obrigatório e definitivo</u>.
Na verdade, o pagamento de contribuições sociais impõe-se, hoje, por lei, quer no âmbito do regime geral dos trabalhadores por conta de outrem, quer no âmbito do regime geral dos trabalhadores independentes[67], quer ainda de outros regimes especiais de prestação de trabalho, como sejam o da prestação de serviço doméstico e do trabalho no domicílio[68]. Consideramo-la, ainda, uma

---

[67] Até ao momento, temos tratado das contribuições sociais, tomando como referência matricial – por razões analíticas – o regime geral dos trabalhadores por conta de outrem. Não se ignoram todavia as especificidades do regime geral dos trabalhadores independentes; far-lhe-emos uma referência no ponto 2 do Capítulo II.

[68] Ela é facultativa apenas no regime do *seguro social voluntário* (artigos 169.º ss. do CC).

prestação definitiva, no sentido de que o seu pagamento – excepto nos casos de pagamento indevido – não dá lugar a restituição ou reembolso, ainda que as eventualidades típicas de protecção social não ocorram ao longo da vida do contribuinte em causa;

2.º <u>Ela é afecta ao financiamento de uma ampla categoria de despesas do sistema previdencial de segurança social e de outras, designadamente das políticas activas de emprego e de formação profissional</u>. Esta ideia traduz o esvaziamento da dimensão sinalagmática tradicional das contribuições sociais e o aprofundamento do seu carácter unilateral. Na verdade, quando o elenco de despesas a que se destina a contribuição, se torna de tal forma amplo e até algo difuso, dificilmente se pode continuar a sustentar o seu bilateralismo.

3.º <u>Pagas em favor de uma entidade de natureza pública</u>. Com efeito, como se disse, as contribuições sociais são pagas e geridas pelo Instituto de Gestão Financeira da Segurança Social que é uma entidade do sector público administrativo (administração central indirecta do Estado).

4.º <u>Tendo em vista a realização de um fim público de protecção social</u>. Esta é, na realidade, o seu objectivo último e primacial, aliás uma exigência do texto constitucional (cf. artigo 63.º da Constituição). Do que se trata é, assim, acima de tudo, de assegurar um direito de cidadania: o direito à segurança social. Esta ideia tem tido sustentação em alguma doutrina: assim, por exemplo, Ferreira (1988) e Nabais (2003). O primeiro afirma que a Constituição como que retira «a sinalagmaticidade à relação jurídica complexa integrada pelas relações simples "obrigação contributiva – direito à contribuição" e "direito à prestação – obrigação de prestar": a contribuição exigida, qual imposto, visa a prossecução de um fim público de segurança social, sendo o Estado incumbido da prestação indiferenciada a todo aquele que venha encontrar-se na *fattispecie* normativa e fornecer os recursos necessários ao desempenho de um dever social» (p. 66). O segundo autor afirma que «... se a segurança social for concebida como um direito de todos os cidadãos, abrangendo inclusivamente aqueles que para ela não podem contribuir, como o faz o art. 63.º, n.º 1, da nossa Constituição, que assim a concebe como um "bem público por imposição constitucional", então já não haverá obstáculos para considerar as contribuições para a segurança social impostos ou, pelo menos, para aceitar a sua equiparação...» (p. 603).

Isto permite-nos chegar à conclusão de que as contribuições sociais podem ser, à luz do actual quadro legislativo, consideradas impostos, ainda que impostos dotados de algumas peculiaridades. A saber:

a) Trata-se de impostos afectos a uma ampla categoria de despesas, ainda que num "universo" mais restrito do que o sector Estado – o subsector público da segurança social e, neste, no seu sistema previdencial (consignação imprópria). Para além disto, as contribuições sociais podem financiar ainda outras despesas fora do sistema previdencial, como de facto já financiam;

b) Trata-se de tributos tradicionalmente fundados num princípio da equivalência, sendo certo, todavia, que este cede passo aqui à capacidade contributiva, pois que as contribuições sociais vão atendendo cada vez mais às necessidades sócio-económicas e à capacidade económica de um determinado grupo de trabalhadores integrados no sistema previdencial. Estaremos perante uma forma de capacidade contributiva *especial* (sobre o assunto, *vide* Ferreira, 1988);

c) As contribuições sociais articulam hoje, com ousadia, o princípio tradicional do previdencialismo – o princípio da contributividade –, com as exigências, cada vez mais preponderantes, da solidariedade laboral e da redistribuição económica. Procurando promover, assim, não apenas um objectivo de igualdade horizontal mas também de igualdade vertical.

Estas apreciações relativamente à natureza jurídica e características principais das contribuições sociais têm naturalmente em conta a evolução verificada nos últimos anos e o actual contexto jurídico-normativo. Sabemos, em todo o caso, que se trata de um processo dinâmico, com avanços e recuos em direcção a um sentido ou outro e nenhuma tendência é inelutável: em determinados momentos, as contribuições sociais são empurradas para o universo dos tributos bilaterais assentes num princípio de equivalência; noutros momentos, o legislador acentua a tónica solidarista e a ênfase, nelas, do princípio da igualdade tributária através da capacidade contributiva.

No actual momento, supomos que o legislador aproximou-se excessivamente (mais do que desejaria – ou não?) deste último sentido: se se "olhar" não apenas para o universo das contribuições sociais e para o CC em particular, mas para todo o sistema previdencial e para o tipo de "pontes" que se estabelecem entre as contribuições e as prestações sociais, verificamos quebras muito assinaláveis nessa perspectiva sinalagmática, bilateral, que o previdencialismo nos deixou. Há hoje um certo desajuste entre a linguagem e a realidade, em expressões encontradas quer na LBSS, quer no próprio CC, de que se evidencia a referência à «relação sinalagmática directa» no contexto do sistema previdencial. Esta referência é simultaneamente uma imprecisão semântica e um anacronismo. Podemos dizer, com efeito, a este propósito, que o "processo ontogénico" conduzido pelo legislador e que fez das contribuições sociais o que elas hoje são, não foi acompanhado devidamente pelo seu discurso, isto é, pela "logotecnia" empregue pelo próprio legislador. No limite, questionamos se a própria qualificação do sistema, ainda previdencial chamado, não deveria ser ela mesma repensada, tendo em conta a sobreposição de objectivos diferenciados e confluência de todos estes elementos matriciais distintos.

Capítulo II
Aspectos de regime e técnicas empregues na legislação contributiva da Segurança Social; as novidades principais do Código Contributivo

1. Contribuições sociais e a concretização do princípio da legalidade fiscal[69]

1.1. *A situação até à década de oitenta*

Até à década de oitenta – ainda uma velha marca do Previdencialismo do Estado Novo –, a consideração das contribuições ora como prémios de seguro (sem natureza tributária, portanto), ora como taxas (tendo já natureza tributária, mas sem as exigências apertadas no tocante à aplicação do princípio da legalidade), teve como consequência que o respectivo regime jurídico acabava por constar de diplomas legais aprovados pelo Governo (sem autorização legislativa) ou, por vezes mesmo, de diplomas de natureza infra-legal. Exemplos paradigmáticos deste anterior entendimento foram o Decreto-Lei n.º 103/80, de 9 de Maio, e o respectivo Decreto Regulamentar n.º 12/83, de 12 de Fevereiro.

O primeiro diploma veio aprovar o regime jurídico das *contribuições para a Previdência* e, em concreto, regular as obrigações contributivas dos trabalhadores e suas entidades empregadoras, considerar como base de incidência contributiva (BIC) as remunerações dos trabalhadores, estabelecer as formas de pagamento e respectivas garantias e, bem assim, definir as situações de incumprimento e sanções. O segundo, ao concretizar o conceito de

---

[69] Este ponto corresponde a um artigo que escrevemos para a Revista de Finanças Públicas e Direito Fiscal (Cabral, 2009), intitulado *Contribuições sociais e o princípio da legalidade fiscal*.

remuneração relevante para efeitos de tributação na segurança social, veio proceder à fixação e explicitação da mencionada BIC[70]. Versando sobre matérias que, "a olhos de hoje", consideraríamos elementos essenciais do tributo (designadamente a incidência e as garantias dos contribuintes), a verdade porém é que nem um nem outro se fizeram no respeito pelo princípio da legalidade fiscal: o Decreto-Lei n.º 103/80 porque aprovado pelo Governo sem autorização legislativa da Assembleia da República; o Decreto Regulamentar n.º 12/83 por ser desprovido de natureza legal.

1.2. *A situação posterior; evolução doutrinária e jurisprudencial*

A partir de meados da década de oitenta, a situação mudou. A legislação posterior versando sobre elementos essenciais dos tributos em apreço, com destaque desde logo para o Decreto-Lei n.º 140-D/86[71], foi já aprovada na precedência de autorização legislativa dada pelo Parlamento.

A doutrina e a jurisprudência do Tribunal Constitucional serviram para sustentar ou apoiar essa mudança de entendimento. Destacamos a este propósito o texto de MIRANDA (1988), para quem nada deveria pôr em causa «a necessidade de

---

[70] Este diploma, curiosamente mantido em vigor até à aprovação do actual Código Contributivo, definiu um conjunto de prestações retributivas, de carácter fixo ou variável, como fazendo parte do conceito de remuneração relevante para efeitos de tributação na segurança social. Como veremos adiante, este conceito não coincidia com o conceito de remuneração fixado para efeitos fiscais (era menos amplo). Uma das preocupações do Código Contributivo foi a de aproximar o conceito relevante na segurança social ao conceito fiscal, alargando portanto o seu âmbito.

[71] Este decreto-lei criou a taxa social única da segurança social.

sujeição dos impostos, de *todos os impostos*, ao princípio da legalidade. Nada disto afecta a decorrência dessa ideia segundo a qual as receitas parafiscais que tenham a natureza de verdadeiros e próprios impostos não poderem fugir ao regime específico dos impostos»[72] (p. 23).

A jurisprudência do Tribunal Constitucional, ainda que de forma inicialmente pouco convicta e revelando, aqui e ali, posições de alguma ambiguidade, acabou, na década de noventa, por aceitar, de forma inequívoca, a natureza fiscal das contribuições sociais (inicialmente apenas no tocante à parte paga pelo empregador, depois aceitando essa extensão de tratamento a todo o tributo), mormente para o efeito da aplicação do princípio da legalidade. A sua intervenção foi reclamada sobretudo a propósito da aprovação do Decreto-Lei n.º 179/90, de 5 de Junho, que veio definir o enquadramento no regime geral da Segurança Social do sector privado do pessoal docente dos estabelecimentos de ensino não superior particular e cooperativo. Este diploma, não autorizado pela Assembleia da República, estabeleceu, no seu artigo 4.º, n.º 1, uma contribuição de 10% dos encargos com o pessoal docente a suportar pelas entidades empregadoras (as Escolas Particulares e Cooperativas).

Sobre a questão de saber se uma tal norma era ou não inconstitucional, por violação do princípio da legalidade fiscal, pronunciou-se o Tribunal Constitucional, designadamente nos

---

[72] Este entendimento firmou-se a partir da tese – defendida pelo próprio autor –, de acordo com a qual «são coisas distintas (...) o problema financeiro da parafiscalidade e o problema da disciplina jurídica: *as receitas parafiscais integram-se em qualquer dos tipos de tributos estudados pelas ciências financeira e fiscal*. É isto que conta para efeito de regulamentação constitucional e legal. A criação, sob a capa da parafiscalidade, de quaisquer impostos, à margem dos princípios da anualidade, da legalidade, da não consignação, é inconstitucional, pelo que eles não podem ser exigidos à luz do artigo 106.º (hoje 103.º) da Constituição» (p. 23) (sublinhado nosso).

seus Acórdãos n.º 183/96 (Proc. n.º 438/92) e n.º 1203/96 (Procs. n.ᵒˢ 270/90 e 1/92).

Sobre o essencial da posição assumida, citamos as seguintes passagens. Do primeiro Acórdão:

«...há-de dizer-se que as contribuições para a segurança social que têm como sujeito passivo a entidade patronal – e são essas as únicas que aqui importa considerar – quer sejam havidas como verdadeiros impostos, quer sejam consideradas como uma figura contributiva de outra natureza, é seguro que sempre deverão estar sujeitas aos mesmos requisitos a que aqueles se acham constitucionalmente obrigados. Esta sujeição às regras constitucionais decorre do facto de as prestações pecuniárias em que estas contribuições se traduzem, talqualmente os impostos, revestirem <u>carácter definitivo e unilateral</u>, uma vez que só podem ser restituídas quando indevidamente pagas, não admitindo reembolso e não implicando nenhuma contrapartida por parte das entidades que delas são credoras; serem estabelecidas <u>por lei</u>, e destinarem-se à realização de um <u>fim</u> inquestionavelmente público – o financiamento do sistema de segurança social (artigo 63.º da Constituição). Assim sendo, deverá concluir-se que a norma sob apreciação, ao estabelecer a incidência e a taxa das contribuições devidas para o regime geral da Segurança Social, dispõe sobre matéria inscrita no âmbito da reserva relativa da competência legislativa da Assembleia da República. E cabe aqui recordar, como remate e complemento da fundamentação expendida, que a Constituição, depois da 2ª revisão constitucional, sendo explícita a referir no artigo 106.º que o sistema fiscal visa ao lado da satisfação das necessidades financeiras do Estado, a de "outras entidades públicas", não dá guarida ao "equívoco conceito de <u>parafiscalidade</u>, que comporta figuras que são verdadeiros impostos, que como tais devem ser tratados para todos os efeitos (reserva de lei parlamentar, autorização anual da cobrança, inscrição orçamental, etc), mesmo que cobradas em benefício de outras entidades que não o Estado ou outras colectividades territoriais" (cfr. Gomes Canotilho e Vital Moreira, <u>Constituição da República Portuguesa Anotada</u>, 3ª ed., Coimbra, 1993, p. 460).»

E do segundo:

«Tal significa uma alteração do tributo, na taxa, a que são obrigados os estabelecimentos de ensino não superior, particular e cooperativo. Mas, para isso, a Constituição, nos artigos 106.º, n.º 2, e 168.º, n.º 1, alínea *i)*, impõe a reserva de competência legislativa do Parlamento.»

Em outro momento, o Tribunal Constitucional voltou a ser chamado a pronunciar-se sobre a aplicação do princípio da legalidade às contribuições para a segurança social e respectivos elementos essenciais, desta feita, na sequência da assinatura pelo membro de Governo competente dos Despachos Normativos n.ᵒˢ 31/83, de 27 de Janeiro, 168/84, de 29 de Novembro e 1/83, de 3 de Janeiro, os quais estabeleceram valores mínimos presumidos das prestações relativas à alimentação dos trabalhadores (subsídio de alimentação).

No Acórdão n.° 621/99 (Proc. n.° 1142/98), invocando jurisprudência anterior, o Tribunal defendeu a seguinte posição:

«O Tribunal Constitucional, no Acórdão n.° 348/97 (D.R., II Série, de 25 de Julho de 1997), considerou que "da Constituição (...) não se pode retirar a conclusão de ser vedada entre nós a tributação dos rendimentos presumidos com a utilização de presunções na determinação da base tributável". Porém, entende-se que tais presunções hão-de ser estabelecidas por lei (como acontecia, aliás, na situação apreciada pelo Tribunal). A fixação da matéria colectável constitui um momento central da determinação do montante do imposto, pois influencia decisivamente o apuramento do respectivo quantum (interferindo, consequentemente, nas garantias do contribuinte). Nessa medida, consubstancia um elemento estruturante da obrigação tributária, integrando, desse modo, o núcleo fundamental do conjunto de matérias cobertas pelas normas constitucionais de âmbito fiscal. Por outro lado, cabe sublinhar que as normas em apreciação, de fonte regulamentar, não constituem mero desenvolvimento de um regime legal prévio (nomeadamente, do constante dos diplomas referidos supra). Com efeito, a fixação do valor mínimo das prestações para a segurança social não se confunde com a inclusão das mesmas no conceito de remuneração, uma vez que a qualificação de determinado benefício como remuneração corresponde a uma tarefa qualificativa prévia, ao passo que o estabelecimento do valor exacto da prestação é já um juízo posterior de determinação quantitativa da matéria colectável. Deste modo, as normas impugnadas apresentam uma feição inovatória em face do regime que inclui as prestações para a segurança social na noção de remuneração, pois se referem aos critérios quantitativos que fixarão o montante sobre o qual incidirá a tributação. Assim, a criação, de modo inovatório, de critérios gerais e abstractos que permitam a fixação do montante sobre o qual incidirá a taxa do imposto está abrangida pela reserva de lei (nesse sentido cfr. Alberto Xavier, Manual de Direito Fiscal, I, 1974, p. 253, onde se afirma que tal matéria há-de ser criada por lei). Conclui-se, consequentemente que as normas regulamentares impugnadas, por regularem inovatoriamente matéria atinente às garantias dos contribuintes, são inconstitucionais, por violação do disposto no artigo 168.º, n.º 1, alínea i) (em articulação com o artigo 106.º, n.º 2), da Constituição.»

Importa assinalar, ainda, a este propósito, que a aplicação do princípio da legalidade às contribuições sociais projectou-se (projecta-se) não apenas na forma de conceber a relação entre os órgãos de soberania – já que, como se disse, a "matéria" contributiva deve passar pelo "crivo" do Parlamento –, mas também, necessariamente, na relação entabulada entre a Assembleia da República e os órgãos das Regiões Autónomas (*maxime* a Assembleia Legislativa Regional). Não cabe no âmbito do presente trabalho esmiuçar a questão de saber *se e de que forma* deve a "segurança social" ser entendida como matéria de *interesse específico* das Regiões Autónomas. No entanto, não queremos deixar de assinalar que nos parece existir alguma ambiguidade jurídico-legislativa a este propósito. Pois que embora os Estatutos Político-Administrativos das Regiões considerem a segurança social como matéria de interesse específico regional, esta mesma previsão parece depois ser contrariada pela legislação da segurança social (*maxime* a LBSS), onde se prevê, de forma diversa, o *carácter unitário* do sistema de protecção social (a unidade fundamental da segurança social portuguesa), confinando a descentralização regional apenas e tão-somente aos aspectos de organização administrativa e de funcionamento (cf. artigo 108.º). Assim, seguindo estes critérios argumentativos, de há largos se questiona se as Regiões Autónomas podem legislar sobre domínio contributivo (e, bem assim, sobre o domínio prestacional), ao abrigo do tal interesse específico regional ou se, pelo contrário, deveria prevalecer a dimensão nacional do sistema, obstando em definitivo à incursão legislativa em tais matérias. E, a ser assim, o interesse específico regional teria aqui uma importância mais diminuta, já que fazendo-se sentir apenas, tal como prevê a LBSS, nos aspectos organizativos e de funcionamento (regional) do sistema.

Esta linha de argumentação parece ser, de resto, a que tem vindo a ser sustentada pelo Tribunal Constitucional. Num Acórdão ainda recente – Acórdão n.º 491/04 (Processo n.º 308/01) –, o Tribunal Constitucional rejeitou a inconstitucionalidade de algumas normas contidas no Decreto-Lei n.º 40/2001, de 9 de Fevereiro, inconstitucionalidade que havia sido reclamada pela Assembleia Legislativa Regional da Madeira. O decreto-lei em causa havia determinado, relativamente às taxas contributivas aplicáveis aos trabalhadores por conta própria da Madeira, fixadas pelo Decreto Regional n.º 26/79/M, de 7 de Novembro, um processo de ajustamento progressivo às taxas aplicáveis no Continente até se atingirem os valores aqui vigentes. O que importa chamar, desde logo, a atenção no caso *sub judice* é o facto de aquelas taxas, mais baixas, aplicáveis na Região Autónoma da Madeira, terem sido aprovadas em 1979 por decreto regional, certamente com base no entendimento, então ainda dominante, de que as contribuições para segurança social seriam desprovidas de natureza tributária ou, pelo menos, de natureza fiscal[73].

---

[73] As incursões legislativas e/ou regulamentares dos órgãos regionais em matéria contributiva não se limitam ao Decreto Regional n.º 26/79/M, de 7 de Novembro. Elas são várias e até bastante mais recentes. Refira-se, a título de exemplo, o Decreto Legislativo Regional n.º 12/93/M, de 23 de Julho, que regulamentou a actividade das bordadeiras da Madeira. No seu artigo 10.º, veio estabelecer taxas próprias (diferentes das que vigoram no continente para o trabalho no domicílio), aplicáveis quer às trabalhadoras quer aos dadores de trabalho. Recorde-se, em todo o caso, que todos estes diplomas foram agora revogados pela Lei n.º 110/2009, de 16 de Setembro, que aprovou o CC (*vide* artigo 5.º), pelo que agora o regime contributivo é único para todo o território nacional.

Em 2001, vinha, pelo contrário, o legislador nacional (o Governo, mediante decreto-lei autorizado pela Assembleia da República) assumir implicitamente o entendimento de que as contribuições em causa, tendo natureza fiscal (ou regime igual ao regime fiscal), deveriam estar acobertadas pelo princípio da legalidade, cabendo apenas aos órgãos de soberania legislar sobre a matéria[74]. Este argumento, todavia, foi preterido pelo Tribunal Constitucional na fundamentação produzida. Os fundamentos centraram-se, sobretudo, como dissemos, na questão de saber se os órgãos de governo regionais poderiam, invocando o interesse específico da Região, legislar sobre o assunto ou se, no caso vertente, preponderaria o interesse nacional. Para decidirem em favor deste último.

Nos seguintes termos:

«Assim, é claro que a definição de um regime especialmente favorável de quotização é matéria que requer a intervenção do legislador nacional, não se podendo qualificar como "matéria que respeite exclusivamente à respectiva região ou que nela assuma particular configuração". Havendo um interesse geral que requer regulação unitária a nível nacional, está excluída a existência de um interesse específico legitimador de intervenção legislativa regional. Não se pode, portanto, concluir que esteja verificado o primeiro pressuposto que poderia conduzir à inconstitucionalidade das normas em causa – revogar um diploma regional que legislou em matéria de interesse específico regional. (...)

Ora, no quadro de um *sistema de segurança social unificado* imposto constitucionalmente, tem manifesto relevo para a generalidade dos cidadãos a determinação das receitas globais da Segurança Social e do futuro esforço financeiro nacional no pagamento das respectivas pensões, pelo que, não se excluindo a possibilidade de existência de regimes diferenciados (inclusivamente de âmbito regional), essa ponderação, dados os reflexos nacionais da decisão, deve ser tomada pelos órgãos de soberania com competência legislativa. Verifica-se, assim, que o Decreto-Lei n.º 40/2001, de 9 de Fevereiro, regulou matéria que deveria, necessariamente, ser regulada por

---

[74] No ponto seguinte, esta linha de argumentação será retomada.

acto normativo emanado do poder legislativo nacional, não se tratando de matéria de interesse específico das regiões autónomas. Deste modo, não se vê como, à luz do nosso ordenamento constitucional, poderiam as regiões autónomas adoptar aqui uma regulamentação parcelar, já que esta sempre teria implicações relevantes a nível nacional.

Pelo exposto, há que concluir que as normas impugnadas não padecem do vício que lhes foi atribuído, já que – independentemente de quaisquer outras razões – não versaram sobre matéria de interesse específico regional».

1.3. *Género tributário e legalidade: dilemas actuais*

A identificação da natureza das contribuições sociais projecta-se no regime constitucional aplicável. A partir de certa altura (como vimos no ponto anterior), parece ter-se assumido, em alguma jurisprudência e doutrina, um "raciocínio às avessas", que permitia retirar da aplicação do princípio da legalidade fiscal às contribuições sociais, a sua natureza fiscal. Este raciocínio era em boa medida explicado pelo facto de a Constituição, até à revisão constitucional de 1997, conviver apenas com dois géneros tributários, os impostos e as taxas, reservando apenas para os primeiros um princípio exigente e densificado de legalidade (traduzida na necessidade de que a criação de impostos e as medidas que influíssem nos seus elementos essenciais – incidência, taxas, benefícios fiscais e garantias dos contribuintes – deveriam constar de lei em sentido formal[75]). Ora, tendo sido assumida pela doutrina e jurisprudência maioritárias a aplicação desta reserva de lei às contribuições para a segurança social, isso acabou por determinar *automaticamente* a sua identificação *conceitual* (e não apenas de regime) com os impostos. Simultaneamente, tornou menos importante a tarefa de verificar se a

---

[75] Ainda que com possibilidade de autorização legislativa concedida ao Governo.

natureza das contribuições sociais (tendo presente o princípio da igualdade tributária na sua bifurcação equivalência/capacidade contributiva) era uma natureza fiscal ou outra.

A importância da qualificação do tributo em causa tornou-se, contudo, mais importante após a revisão constitucional de 1997. Agora, a alínea *i)* do n.º 1 do artigo 165.º da Constituição ao passar a dispor que é matéria de reserva (relativa) de lei da Assembleia da República a «criação de impostos e sistema fiscal e regime geral das taxas e demais contribuições financeiras a favor de entidades públicas» (sublinhado nosso), acolheu claramente este terceiro género tributário, intermédio entre os impostos e as taxas. Ora, como referem CANOTILHO e MOREIRA (2007) «a constitucionalização deste "tertium genus" veio dar guarida a uma figura que, por falta de reconhecimento constitucional, era anteriormente equiparada pela doutrina e pela jurisprudência aos impostos, com as inerentes consequências, sobretudo em termos de criação e de disciplina por via legislativa e de reserva parlamentar».

Por outro lado, ao fazê-lo, nos termos em que o fez, o legislador criou uma cisão clara, no plano da reserva de lei, entre os impostos de um lado e as taxas e as contribuições financeiras do outro. Ou seja, ao arrepio da posição anteriormente assumida por boa parte da doutrina e jurisprudência, consagrou quanto às contribuições financeiras uma reserva de lei (aparentemente) menos exigente, determinando que "apenas" o regime geral respectivo conste de lei[76][77].

---

[76] Se bem que a jurisprudência do Tribunal Constitucional tenha assumido caminhos diversos consoante o tipo de tributo. Se é certo, como vimos, que em relação às contribuições sociais o entendimento dominante foi o da sua recondução ao universo fiscal para o efeito da aplicação do princípio da legalidade, não é menos verdade – como recorda Costa

Posto isto, podemos agora afirmar que o regime constitucional actual, em geral e no que às contribuições para a segurança social diz respeito, coloca três ordens de dilemas fundamentais. Em primeiro lugar, a questão de saber (e esta é ainda uma questão geral) o que significa falar em aprovação dos regimes gerais das taxas e das contribuições financeiras. Ou seja, trata-se de identificar o *conteúdo mínimo necessário* que um regime geral deve conter para que o princípio da legalidade tributária, nesta acepção, se tenha por cumprido. Em segundo lugar, a questão (específica) de saber se é líquido retirar da actual referência constitucional às «contribuições financeiras» o entendimento de que nelas estão incluídas necessária e invariavelmente as contribuições para segurança social, pelo simples facto de ostentarem no nome a palavra «contribuição». Finalmente, a identificação (em sentido geral e no caso concreto da segurança social) das consequências jurídico-constitucionais, desde logo no plano das relações entre órgãos de soberania e das relações entre estes e os órgãos de governo das Regiões Autónomas.

À primeira questão, que é afinal a de determinar a extensão ou grau de exigência da reserva de lei parlamentar, encontra-

---

(2006) de forma muito oportuna – que relativamente a (outros) tributos parafiscais (mormente as quotizações obrigatórias para associações públicas) alguma jurisprudência anterior à revisão constitucional de 1997 apontava já para a necessidade de categorização de um terceiro género tributário.

[77] Foi desde logo colocada uma questão, cuja actualidade ainda se mantém, a da constitucionalidade das contribuições financeiras que sejam criadas sem a existência prévia desse regime geral. Duas posições foram manifestadas na doutrina: de acordo com a primeira, para a criação de novas taxas, *medio tempore,* mantém-se a competência governamental (Costa, 2006); para a segunda posição, diferentemente, até à aprovação dos regimes gerais respectivos, a criação dessas contribuições financeiras deve pressupor sempre a intervenção parlamentar, ou seja, a aplicação mais exigente do princípio da legalidade (Vasques, 2008a. Sobre o assunto, *vide* também Anastácio e Pacheco, 2008).

mos em Costa (2006) uma boa parte da resposta. Antes de mais nada, o autor começa por considerar que a definição de um regime geral não se confunde com a fixação (a que se refere também o texto constitucional) das «bases gerais» de uma determinada matéria (v.g. segurança social, saúde, etc.). Assim, enquanto as bases gerais se reportam ao enunciado de um conjunto de directrizes orientadoras dessa disciplina, que podem ser mais ou menos densas, mas cuja operatividade fica ainda dependente de posterior desenvolvimento legislativo, o regime geral implica já o estabelecimento de uma malha normativa mais apertada, integrada provavelmente não só por princípios, mas também por verdadeiras regras jurídicas, através da qual se defina com certo grau de precisão e imediata operatividade os aspectos essenciais da regulamentação do instituto em apreço. Em segundo lugar, afirma ainda o mesmo autor, se a expressão «regime geral» comporta uma certa dose de indeterminação, caberá ao próprio legislador definir que aspectos devem integrar ou passar a integrar esse mesmo regime geral (a ideia em suma de *preferência do Parlamento*). Daqui resulta, finalmente e no que às taxas e contribuições financeiras respeita, que podem existir não apenas um, mas vários regimes gerais, em função designadamente dos sectores da actividade pública a que respeitem.

Posto isto, Costa *(idem)* identifica alguns elementos que em relação às taxas (e às contribuições financeiras, com as devidas adaptações) devem constar necessariamente do regime geral (o tal conteúdo mínimo de que falávamos há pouco), a saber:

— A própria noção de «taxa» e a sua caracterização[78];

---

[78] Note-se que não será a definição de uma certa e determinada taxa (porque estas como veremos não são criadas pelo e no regime geral), mas da taxa em sentido geral. Veja-se a este propósito o artigo 3.º do Regime Geral das Taxas das Autarquias Locais (Lei n.º 53-E/2006, de 29 de Dezembro).

— As suas possíveis modalidades e a indicação típica dos domínios da sua incidência;
— Os princípios e regras gerais relativos à competência para o seu estabelecimento e à forma ou procedimento que neste deve ser observado;
— O(s) critério(s) a que deverá obedecer a fixação do respectivo montante e os elementos ou circunstâncias para tanto atendíveis (talvez este seja o ponto nuclear);
— Alguns aspectos mais relevantes do regime da relação jurídica e da obrigação tributárias.

Este elenco que nos merece aceitação, permite retirar as seguintes ilações. Assim, conquanto esta seja uma reserva de lei à partida menos exigente do que aquela que é reclamada para os impostos, não se trata ainda assim de uma mera formulação vaga e programática de princípios gerais, desprovidos de operatividade e de efectividade jurídicas. Temos lá a *parametrização de elementos essenciais*, fundamentalmente, critérios de determinação da incidência objectiva e subjectiva, critérios de definição do montante das taxas e princípios norteadores (v.g. equivalência jurídica e proporcionalidade) e preocupações com as garantias dos contribuintes. Trata-se pois de um regime que é geral, não por haver uma qualquer degradação da qualidade das matérias – que são ainda em última análise os elementos essenciais do tributo –, mas sim por outras (três) razões fundamentais.

Primeira, é regime geral, porque geral é o seu objecto: enquanto no caso dos impostos, os regimes respectivos são, por via de regra, regimes específicos de cada um dos impostos, no caso das taxas e das demais contribuições financeiras eles serão o regime que genericamente enquadrará um pluralidade de tributos (justamente por serem tributos plurais e proliferantes), tributos estes unidos por uma idêntica fisionomia e funcionalidade. Nesta medida, o regime geral assumirá, quanto a eles, o papel de *denominador comum*, fixando critérios de determinação da incidência e das taxas e bem assim regras de competência, de exigências formais e procedimentais, que acabam por funcionar como verdadeiras garantias dos contribuintes e de segurança jurídica[79] [80].

Segunda, o regime é geral porque, diversamente ao que sucede com os códigos ou a legislação fiscal, não se trata, através dele, de *criar* desde logo a taxa ou a contribuição (o *tipo fiscal)*: o regime geral limitar-se-á a fixar, como vimos, as regras de competência para criação desses tributos e a determinar a forma como essa criação, na prática e em concreto, se processará (o procedimento). E isto é explicado, em boa medida, novamente pelo tal carácter plural e proliferante dos tributos que aqui estão em causa – a ideia de tipicidade tributária surge aqui de forma mais ténue. Por isso mesmo, o legislador entende que se a "figura" tributária seguir os critérios e os princípios e, bem assim, as exigências formais e substantivas fixados no enquadra-

---

[79] Sobre a relação entre o princípio da legalidade e a segurança jurídica na tributação, leia-se Xavier (1978), Martinez (1993), Sá Gomes (1993) e Dourado (2007). No que diz respeito às implicações práticas do princípio da legalidade, elas põem-se sobretudo a dois níveis: o nível da interpretação das normas tributárias; o nível da sua aplicação às situações jurídicas concretas (*maxime* pela Administração Fiscal e pelos Tribunais tributários). Sobre estes dois tipos de implicações, leia-se, por exemplo, Sanches (2001) e, mais recentemente, Lima (2004) e Pizolio (2006).

[80] No actual regime geral das taxas das autarquias locais e como explica Vasques (2008b), foram quatro as tarefas principais do legislador: *i)* Relativamente à base de incidência, proceder à sua diversificação; *ii)* Quanto às taxas, concretizar a sua simplificação; *iii)* Quantos aos princípios estruturantes, proceder à sua enunciação precisa; *iv)* Finalmente, no que toca à definição das competências para emissão de regulamentos locais, além do aperfeiçoamento nos planos formal e procedimental, precisar o seu respectivo conteúdo. Bem se vê, nesta enunciação, que está lá, no regime geral, a parametrização dos aspectos essenciais do tributo.

mento geral, *isso é suficiente* para cumprir as exigências de legalidade, podendo o tipo depois ser criado, *de facto,* por outro instrumento que não a lei (v.g. regulamentos)[81].

Terceira, o regime é geral, na medida em que, como dissemos, este estabelece parâmetros ou critérios – que até podem ser bastantes especificados – relativamente aos elementos essenciais do tributo. Ora, tal não significa ainda que estes elementos sejam desde logo nele fixados, podendo ou devendo sê-lo quando criado *efectivamente* o tributo em causa. Por exemplo, caberá ao acto criador dessa taxa ou contribuição, a concretização dos sujeitos (*maxime* dos sujeitos passivos) e bem assim dos valores a pagar.

A segunda questão é a questão (específica) de saber se é líquido retirar da actual referência constitucional às «contribuições financeiras» o entendimento de que nelas estão incluídas necessária e invariavelmente as contribuições para segurança social, pelo simples facto de ostentarem no nome a palavra «contribuição». Uma boa parte da doutrina parece ir nesse sentido (Canotilho e Moreira, 2007 (*cit.*), e Vasques (2008a). Significa isto que após a revisão constitucional de 1997, as contribuições para a segurança social se bastariam com esta exigência menos densificada de legalidade – quanto a elas bastará a aprovação de um regime geral. Ora, sendo assim, à luz deste entendimento, o *CC recentemente aprovado constituirá esse mesmo regime geral*. Não cremos que assim seja pelas razões de fundos antes expressas e que nos levam a aceitar a natureza fiscal destas contribuições. Resta saber o que terá desejado o legislador. Na verdade, quer-nos parecer que o CC, independentemente da que lhe está concepção subjacente quanto à natureza jurídica das

---

[81] No caso das taxas locais, como vimos, isso é feito por regulamentos municipais.

contribuições sociais, quer-nos parecer que o CC quis aproximar-se mais de um código fiscal, do que de um regime geral de taxas ou de contribuições financeiras. E isto não obstante se verificar, aqui e ali, alguma ambiguidade na posição por ele, legislador, assumida (ela não é mais do que uma outra manifestação da ambivalência deste tributo tão particular) e sem prejuízo ainda de algumas especificidades na técnica empregue (como veremos adiante, apesar de uma notória aproximação à técnica fiscal, o CC preserva traços da técnica mutualista). Esta opção, repita-se, independentemente da concepção implícita sobre a natureza das contribuições sociais, não deixa de se perceber pela "própria natureza das coisas" (ou seja, pela natureza das contribuições sociais): estas são uma figura única e não plural, nem proliferante. Por isso, o CC "comporta-se", perante elas, como qualquer código fiscal se comporta perante o "seu" imposto e fixa-lhe o seu *regime específico*: criou, ainda que não originariamente, o próprio tributo, determinou-lhe as incidências e o valor (através da definição em concreto das taxas gerais e taxas reduzidas) e definiu as garantias dos contribuintes (por exemplo, nos capítulos relativos ao cumprimento e incumprimento, à dívida e ao regime contra-ordenacional). O legislador parlamentar comportou-se de facto como um *legislador fiscal*. Nesta medida, *seguiu claramente* a primeira parte do artigo 165.º, n.º 1, alínea *i)* da Constituição, em articulação com o n.º 2 do artigo 103.º, ou seja, a ideia de que *tipificadamente* os impostos são criados por lei, de que resultam os próprios elementos essenciais.

Esta questão – a de saber se o CC é um regime geral ou um regime específico do tributo – tem enfim alguma importância no plano das relações entre órgãos do Estado, seja entre órgãos de soberania (Parlamento e Governo), seja entre estes e os órgãos de governo regionais (Assembleia Legislativa e Governo Regional). No que diz respeito ao primeiro tipo de relações, a aceitação de que o CC deve obediência a esta reserva de lei mais densificada, afasta intervenções legislativas do Governo (a menos que precedidas de autorização legislativa) relativamente à incidência, taxas, garantias dos contribuintes e, bem assim, benefícios fiscais. Este entendimento torna assim de constitucionalidade duvidosa o disposto no artigo 100.º do CC (já aqui antes mencionado), nos termos do qual «são fixadas pelo Governo, mediante decreto-lei, de forma transitória, medidas de isenção contributiva, total ou parcial, que sirvam de estímulo à criação de postos de trabalho e à reinserção profissional de pessoas afastadas do mercado de trabalho e à redução de encargos não salariais em situação de catástrofe ou de calamidade pública». Trata-se assim de permitir que o Governo, aparentemente sem autorização parlamentar, possa legislar em matéria de concessão de benefícios fiscais. Será este provavelmente o único artigo onde o legislador se posiciona de uma forma ambígua relativamente ao regime que acabou de criar: fê-lo aqui, neste ponto, intencionalmente, porque afinal admite poder estar integrado numa reserva de lei menos densificada e até menos exigente? (como sucederia se este CC se tratasse pois de um mero «regime geral de contribuição financeira»).

Relativamente às relações entre os órgãos de soberania e os órgãos de regional, põe-se a questão de saber se a amplitude de poderes concedidos a estes últimos será igual ou diversa consoante estejamos perante a aprovação pelos órgãos de soberania (Parlamento ou Governo mediante autorização legislativa) de um regime fiscal específico ou de um regime geral de taxas ou de contribuições financeiras. Da resposta a esta questão dependerá a determinação da extensão dos órgãos regionais em matéria contributiva da Segurança Social, agora que foi aprovado o CC. Vimos anteriormente como a argumentação da jurisprudência do Tribunal Constitucional se centra fundamentalmente no confronto argumentativo do "interesse específico *versus* unicidade do sistema de segurança social", para propender em favor deste último e assim defender que as matérias de segurança social (excepto matérias organizativas do sistema) são invariavelmente da competência legislativa do Parlamento ou do Governo. Seja como for, a nossa linha de argumentação aqui é outra. E consiste em transpor o "argumento tributário-fiscal" e tirar-lhe todas as suas consequências. Se, como defendemos, as contribuições sociais são impostos e o CC deve ser então concebido como regime fiscal específico deste tributo, então essa qualificação projecta-se e exprime-se também a nível das relações existentes entre órgãos de soberania e órgãos regionais. Ora e aqui – em matéria fiscal –, por força da segunda parte do n.º 1 do artigo 232.º da Constituição, está vedada a autorização legislativa aos órgãos regionais. Ou seja, a aplicação do princípio da legalidade fiscal às contribuições sociais implica, necessariamente, que a competência legislativa em matéria de criação de contribuições sociais e a definição dos respectivos elementos essenciais pertença, salvo melhor opinião, apenas e sempre aos órgãos de soberania[82]. Conclusão diferente resultaria, muito provavelmente, da tese que concebe o CC como um "mero" regime geral das contribuições sociais: neste caso (convocando agora quiçá o argumento do interesse específico regional), a coerência de raciocínio ditaria aceitar que os órgãos regionais

---

[82] O que não invalidaria, tendo presente o *poder tributário próprio* contemplado na alínea *i)* do n.º 1 do artigo 227.º da Constituição, que não pudesse, hipoteticamente, vir a ser dado às Regiões Autónomas o poder de criar contribuições sociais e de regular os seus elementos essenciais. Porém, não é isso que sucede hoje, pois que o poder de criar impostos está muito limitado do ponto de vista substantivo (e não abrange qualquer matéria contributiva da segurança social) – veja-se o disposto no artigo 47.º da Lei das Finanças das Regiões Autónomas (Lei Orgânica n.º 1//2007, de 19 de Fevereiro) que, é nos termos da Constituição, a actual lei--quadro nesta matéria.

pudessem concretizar, nos seus territórios, o disposto no CC – onde houvesse margem para concretizar –, um pouco à semelhança do que acontece, por exemplo, com a concretização do Regime Geral das Taxas Locais, por cada uma das autarquias locais nas suas circunscrições. Não nos parece que esta última seja a boa conclusão: como dissemos, o CC parece querer bastar-se a si mesmo; ainda que se defenda que as contribuições sociais carecem de natureza fiscal, não há dúvida que o legislador olha para elas como realidade única, que não se desmultiplica ou prolifera na sua aplicação territorial. A solução de "ver" o CC como o regime geral das contribuições sociais, tal como ele de facto aparece, não é sequer *interessante*.

2. Técnicas empregues na legislação contributiva; apresentação do Código Contributivo

2.1. *A técnica da segurança social e a técnica do imposto*

2.1.1. *A técnica da segurança social*

A técnica da segurança social é ainda hoje fortemente tributária da técnica dos seguros sociais e ela concretiza-se, na legislação própria, através de uma linguagem ou terminologia específicas que não encontramos em outros ramos de Direito (sobre o assunto, Leal, 1980a, 1980b e 1982). Mas a técnica da segurança social não é só a técnica seguradora *pura e dura*. Ela é também fortemente tributária do Direito do Trabalho: a tradição previdencial, é preciso não esquecer, é uma tradição laboralista. A génese e a posterior evolução da Segurança Social foram de alguma forma consonantes com a génese e a evolução do Direito do Trabalho. Ainda hoje, a legislação da segurança social reclama o Direito do Trabalho, pelo menos em dois momentos ou circunstâncias: *i)* para o efeito do enquadramento dos trabalhadores dos regimes de segurança social (o critério fundamental é o da natureza da actividade exercida); *ii)* para o efeito da subsidiação de faltas ou licenças do trabalhador. Isto é particularmente evidente no caso da parentalidade (maternidade, paternidade e adopção): a legislação laboral fixa a duração das licenças e das faltas; a legislação da segurança social "limita-se" a subsidiá-las. Para além disto, acresce notar, a tradição previdencial filia-se na tradição da pandectística alemã do século XIX, assente na construção da *relação jurídica*, ela própria posta em crise pela evolução do pensamento civilístico.

A técnica e a metalinguagem utilizadas fazem parte da herança previdencial: os termos e a sua conceitualização, bem como a sistematização jurídica, são replicados nos diplomas que se sucedem ao longo dos anos, como sendo a "ordem natural" da construção normativa da segurança social e gozam por isso de grande estabilidade. Isso acontece quer quanto ao enquadramento, quer no domínio contributivo, quer no domínio prestacional, quer em matéria de responsabilidade. Vejamos então quais são estas especificidades.

a) Especificidades quanto à vinculação e enquadramento

A tradição mutualista da Segurança Social trouxe, antes de mais nada, para a segurança social pública o elemento *vinculação*. A vinculação, como explica Neves (1996), traduz o estabelecimento de um elo estável entre as pessoas interessadas e o sistema de segurança social, mediante a sua identificação pessoal, através do *acto de inscrição* dos beneficiários ou registo das entidades empregadores (vejam-se os artigos 6.º a 8.º do CC). O objectivo fundamental da vinculação é o de determinar o titular do direito à segurança social, bem como o respectivo conteúdo (ainda Neves, *cit.*). É nisto que consiste a ideia de *enquadramento*.

Através do enquadramento, o beneficiário passa a estar abrangido por um determinado regime de segurança social (cf. artigo 9.º do CC). E estes regimes podem ser de vários tipos (*vide* artigo 53.º da LBSS): *i) Regimes gerais* dos trabalhadores por conta de outrem ou dos trabalhadores independentes, sendo que o enquadramento dos trabalhadores num ou noutro dependerá naturalmente da qualificação do respectivo vínculo e, existindo mais do que um, daquele que prevalece; *ii) Regimes aplicáveis a trabalhadores integrados em situações ou categorias específicas,* de que se destaca o regime aplicável aos membros dos órgãos estatutários das pessoas colectivas e entidades equiparadas (artigos 61.º ss. do CC)[83] e; *iii) Regime aplicável às situações equiparadas a trabalho por conta de outrem,* de que se evidencia o regime dos membros das igrejas, associações e confissões religiosas (artigos 122.º ss. do CC).

Estes elementos, «vinculação», «acto de inscrição» e «enquadramento» constituem pois o epicentro de uma relação jurídica de carácter mutualista, que a segurança social assumiu, habitualmente denominada *relação jurídica de vinculação* (Neves, 1996). Ela constitui o primeiro ponto de contacto dos cidadãos com o sistema de segurança social, condição *sine qua non* para a efectivação de todas as outras relações jurídicas. Em todas elas, encontramos

---

[83] Trata-se de situações que o legislador aproxima, por razões de analogia funcional ou por se tratarem de contratos de trabalho especiais, do regime dos trabalhadores por conta de outrem. Em relação aos membros dos órgãos estatutários, esta tendência tem-se acentuado: até 1993, os gestores e administradores eram equiparados a trabalhadores independentes; a partir desta data (com a aprovação, por um lado, do novo regime geral dos trabalhadores independentes – Decreto-Lei n.º 328/93, de 25 de Setembro e, por outro, do seu próprio regime especial – Decreto-Lei n.º 327/93, de 25 de Setembro), o regime aproximou-se do dos trabalhadores por conta de outrem. O CC reforçou esta tendência, optando desde logo pela BIC real, como regime-regra (artigo 66.º), sendo a remuneração convencional uma opção residual e transitória (cf. artigo 67.º).

sujeitos: de um lado, a administração da segurança social; do outro, os trabalhadores beneficiários e/ou as respectivas entidades empregadoras. Em todas elas, temos obrigações: obrigações de declarar, de pagar... Nelas, existem também direitos (o correlato das anteriores): o direito fundamental é, em todo o caso, o direito dos trabalhadores ao recebimento das prestações sociais (ou dito mais latamente o direito à efectivação da protecção social).

b) Especificidades no domínio contributivo
Desde logo, evidencia-se a *relação jurídica contributiva* (artigos 37.º ss. CC), a qual consiste no pagamento das contribuições, destinadas ao financiamento dos regimes de segurança social. Para além disto, a própria declaração de remunerações é também integrada, *tradicionalmente,* na relação jurídica contributiva (situação mantida pelo CC). O que significa que a Segurança Social aproxima duas obrigações que têm natureza distinta à luz da tradição "fiscal" (como veremos adiante), e são elas as *obrigações de pagar,* por um lado e as *obrigações de declarar* (ou declarativas), por outro.

Importa ainda fazer notar, desde já, que a relação jurídica contributiva apresenta diferenças, consoante estejamos perante o regime geral dos trabalhadores por conta de outrem, o regime geral dos trabalhadores independentes, os regimes especiais ou os regimes de inscrição facultativa. Adiante, identificaremos a natureza dessa relação jurídica, em função do regime em causa e, bem assim, os respectivos elementos constitutivos. De qualquer forma, em todas estas situações, encontramos, como elementos comuns constantes na relação jurídica contributiva, a *base de incidência contributiva* (BIC), por um lado, as *taxas,* por outro.

d) Especificidades no domínio prestacional
Depois, a *relação jurídica prestacional.* Esta é provavelmente a mais importante da segurança social – ela é a *essência* da segurança

social. Como nos diz Neves (1996, p. 439), relação jurídica prestacional tem por objecto o pagamento de prestações sociais, embora se desmultiplique em três tarefas ou operações diferenciadas: reconhecimento do direito à prestação; cálculo do respectivo valor; pagamento dos valores apurados. A origem mutualista da segurança social fazia das prestações sociais prestações de natureza compensatória. Hoje, como vimos, esta caracterização deve ser vista com algumas cautelas.

A este nível, podemos dizer que existe uma "estrutura-tipo" do articulado da legislação prestacional, herdeira da tradição do previdencialismo do Estado Novo (que encontramos em legislação produzida nesta altura), estrutura que se foi mantendo nas sucessivas leis aprovados após o 25 de Abril e sem prejuízo da acentuação dos traços universalistas do sistema, com a Constituição de 1976. Essa "estrutura-tipo" é caracterizada por uma determinada sequência lógica e "sincopada" dos títulos e/ou capítulos e respectivos artigos, a qual se replica nos diversos diplomas sobre prestações sociais. Como elementos habituais ou constantes, comuns à legislação da segurança social, destacamos os seguintes:
— Caracterização da eventualidade: e esta aparece simultaneamente como o facto jurídico (o pressuposto fáctico) da relação prestacional, mas também como requisito ou condição de atribuição das prestações;
— Definição do âmbito material: mediante a identificação do tipo de prestações, subsídios, abonos, etc., a pagar;
— Definição do âmbito pessoal: designadamente pela distinção, quando necessária, entre *titulares do direito às prestações* e *beneficiários* da protecção[84];

---

[84] Esta distinção tem interesse, por exemplo, na área da protecção familiar, onde o titular do direito à prestação/beneficiário não é o contribuinte:

— Condições ou requisitos necessários para acesso à protecção: estes requisitos, como revela o Quadro IV, podem ser requisitos relativos ao cumprimento da obrigação contributiva, relativos ao período de tempo contributivo, à (necessidade de) verificação dos eventos sociais, requisitos específicos da situação dos beneficiários e requisitos atinentes ao cumprimento de exigências administrativas. Importa, contudo, fazer notar que este elenco não está necessariamente presente, como tal, na legislação prestacional, seja porque alguns dos requisitos se impõem a montante (o caso dos requisitos relativos à obrigação contributiva, sendo impostos, desde logo, ou pela LBSS ou pela legislação contributiva), seja porque se intuem ou retiram da natureza da prestação em causa (v.g. requisitos relativos à verificação dos eventos sociais).

---

as crianças e os jovens são titulares do direito às prestações, ainda que o abono de família não tenha sido ainda requerido ou o mesmo não tenha tenho sido ainda reconhecido pelo sistema; tornam-se beneficiários da protecção, logo que reconhecido efectivamente esse direito. A distinção tem menos interesse quando o beneficiário é o próprio contribuinte; a qualidade de beneficiário resulta aqui da inscrição. Seja como for, como vimos antes, hoje o financiamento da protecção familiar já não se faz pela via contributiva e sim através do OE. A distinção entre titular de direito à protecção e beneficiário é tão-só processual.

Quadro IV
Requisitos das prestações sociais

Natureza dos requisitos	Enunciação
1. Requisitos relativos ao cumprimento da obrigação contributiva	• Inscrição • Pagamento das contribuições • Outras obrigações contributivas
2. Requisitos relativos ao período de tempo contributivo	• Registo de remunerações • Prazo de garantia: período mínimo de contribuição
3. Requisitos relativos à verificação dos eventos sociais	Ocorrência do evento • Doença • Invalidez • Velhice • Morte • Família • Parentalidade • Desemprego
4. Requisitos específicos relativos à situação dos beneficiários	• Idade (mínima, máxima ou ambas) • Situação escolar • Estatuto laboral ou profissional (v.g. índice de profissionalidade) • Requisitos médicos • Requisitos de natureza económica (v.g. condição de recursos)
5. Requisitos relativos ao cumprimento de exigências administrativas	• Necessidade de requerimento • Apresentação de meios de prova

— Regras de cálculo ou determinação do valor da prestação e prazos de atribuição: a determinação do valor da prestação dispensa o cálculo quando esta tenha um valor fixo, pré-determinado. O cálculo pressupõe pois indeterminação inicial que é ultrapassada com a realização de duas operações distintas e sucessivas: *i)* em primeiro lugar, a determinação da remuneração de referência (salário médio relevante) e que pode ser apurado tendo por base os meses de desconto (no caso das prestações imediatas) ou os anos (no caso das prestações diferidas ou pensões); *ii)* em segundo lugar, a determinação do valor da prestação, correspondendo esta, em regra, a uma determinada percentagem do valor da remuneração de referência (100%, 65% ou outra).

Os prazos de atribuição das prestações relevam sobretudo no domínio das prestações imediatas: as pensões por velhice têm a natureza de rendas vitalícias e as pensões de invalidez tendem a ter também uma natureza permanente (têm-no certamente no caso da invalidez absoluta), a menos que se verifique a reabilitação do beneficiário e/ou a sua reconversão para outra actividade profissional. Dito isto e no caso das prestações imediatas, pode afirmar-se que a sua duração depende geralmente da idade e/ou da duração da carreira contributiva do beneficiário.

Por fim, seguem-se regras atinentes a aspectos organizativos e administrativos (regras de requerimento e meios de prova) e bem assim a fixação do respectivo regime sancionatório (*vide infra* alínea e)).

Isto dito, atente-se agora nos Quadros V e VI que retratam a "estrutura-tipo" do articulado da legislação prestacional, o primeiro relativamente às prestações imediatas (desemprego, doença, etc.), o segundo para as pensões (velhice e invalidez).

Quadro V
Estrutura-tipo do articulado na legislação da segurança social
(prestações imediatas)

Capítulo I – Natureza, objectivo e âmbito
— Natureza
— Caracterização da eventualidade
— Âmbito pessoal
— Âmbito material
Capítulo II – Condições de atribuição das prestações
— Prazo de garantia
— Outras condições
Capítulo III – Montantes das prestações
— Apuramento da remuneração de referência e cálculo
— Limites máximos eventuais ao valor da prestação
Capitulo IV – Duração das Prestações
— Início da atribuição e período de duração das prestações
— Cessação (causas)
— Registo de equivalências
— Regras de acumulação
Capítulo V – Deveres do beneficiário
— Declarações, comunicações e elementos probatórios
Capítulo VI – Responsabilidade e regime sancionatório
— Contra-ordenações
Capítulo VII – Processamento e administração
— Entidades gestoras
— Outras normas relativas à gestão administrativa dos processos.

Quadro VI
Estrutura-tipo do articulado na legislação da segurança social (pensões)

Capítulo I – Natureza, objectivo e âmbito
— Natureza
— Caracterização da eventualidade
— Âmbito pessoal
— Âmbito material
Capítulo II – Condições de atribuição das prestações
— Densidade contributiva
— Prazo de garantia
— Totalização de períodos contributivos
— Idade normal de acesso (para a velhice)
— Incapacidade (para a invalidez)
— Outras condições
Capítulo III – Determinação dos montantes das prestações
1. Pensão estatutária
— Regras de revalorização das remunerações
— Remuneração de referência
— Taxa de formação da pensão
— Cálculo da pensão
2. Pensão antecipada, bonificada e proporcional
— Factores de penalização ou de bonificação
3. Pensão regulamentar
— Valores
4. Valores mínimos de pensão
— Complemento social
Capitulo IV – Duração das Prestações
— Início da atribuição e período de duração das prestações
— Cessação (causas)
— Regras de acumulação
Capítulo V – Pensões provisórias
— Condições de atribuição
— Duração
Capítulo VI – Processamento e Administração
— Declarações, comunicações e elementos probatórios
Capítulo VII – Responsabilidade e regime sancionatório
— Contra-ordenações
Capítulo VIII – Regime transitório
— Normas de transição
— Salvaguarda dos direitos em formação

e) Especificidades no domínio sancionatório

As infracções à Segurança Social podem acontecer em qualquer uma das situações ou relações jurídicas anteriormente descritas: relação de vinculação, relação contributiva e relação prestacional (sobre o assunto, ainda que com referências legais desactualizadas, leia-se Módulos PROFISS, 1999 – "Relação Jurídica de Contencioso" e "Relação Jurídica de Responsabilidade" –, Leite, 2002 e Mateus, 2005). Pode pois dizer-se que o regime sancionatório reflecte e pune os comportamentos "patológicos" verificados nas outras relações jurídicas da segurança social. Não cabe no âmbito deste trabalho desenvolver esta matéria. Queremos apenas fazer a enunciação dos aspectos mais relevantes.

Em primeiro lugar, consoante a gravidade do ilícito, a lei[85] distingue entre crimes (as infracções mais graves) e contra-ordenações (as menos graves). No primeiro caso, estamos perante o Direito Penal (fiscal ou tributário), no segundo perante o Direito Contra-Ordenacional que é ainda Direito Administrativo. Os crimes contra a segurança social são punidos com pena de prisão ou multa (pelos tribunais). As contra-ordenações determinam a aplicação de coimas (pelas entidades administrativas na área da segurança social, no caso, actualmente, é o Instituto da Segurança Social).

Os crimes contra a segurança social são, nos termos dos artigos 106.º e 107.º do RGIT, a fraude e o abuso de confiança contra a segurança social. As contra-ordenações, como dissemos, podem resultar do incumprimento de obrigações no âmbito da relação jurídica de vinculação ou da relação contributiva (v.g. falta, atraso ou incompletude das declarações apresentadas ou a falsidade das mesmas), mas podem também resultar das situações de incumprimento no âmbito da relação jurídica prestacional (v.g. obtenção indevida de prestações sociais). O regime contra-ordenacional no âmbito da relação jurídica prestacional resulta, como dissemos também, de cada um dos diplomas especificamente aplicáveis a cada prestação social. Já no que respeita

---

[85] No caso, antes de mais, o Regime Geral das Infracções Tributárias (RGIT), aprovado pela Lei n.º 15/2001, de 5 de Junho, com alterações várias.

às contra-ordenações por violação das obrigações de vinculação ou de natureza contributiva, tiveram estas durante largos anos, as suas sedes principais, no Decreto-Lei n.º 433/82, de 27 de Outubro[86] e no Decreto-Lei n.º 64/89, de 25 de Fevereiro[87]. A Lei que aprovou o Código Contributivo revoga os artigos 1.º a 8.º, 10.º e 12.º deste último Decreto-Lei (cf. alínea g) do artigo 5.º). Além disso, importa notar, a também recente Lei n.º 107/2009, de 14 de Setembro, que estabeleceu o regime jurídico do procedimento aplicável às contra-ordenações laborais e de segurança social, revogou igualmente os artigos 14.º a 32.º do Decreto-Lei n.º 64/89, pelo que, em bom rigor, dele resta apenas, e com adaptações à situação concreta, o disposto no artigo 9.º (relativo às contra-ordenações em matéria prestacional)[88].

2.1.2. *A técnica do imposto e a sua transposição para as relações jurídicas de vinculação e contributiva da segurança social*

O Direito Fiscal tem também uma "linguagem" própria que resulta do próprio processo de liquidação e cobrança fiscais. A técnica fiscal desenvolveu-se em torno das etapas que marcam este processo, as quais, podendo, na prática, por vezes, confundir-se, são do ponto de vista intelectual etapas ou operações distintas e com objectivos específicos. Debalde, convergem todas num objectivo (do ponto de vista da administração): o da efectivação do crédito fiscal. Para além disso, quer a legislação fiscal de enquadramento (*maxime* a Lei Geral Tributária –

---

[86] Regime geral das contra-ordenações.

[87] Regime das contra-ordenações no âmbito dos regimes de segurança social.

[88] Sobre as críticas, no plano da constitucionalidade, às alterações trazidas pelo CC em matéria contra-ordenacional, veja-se Marques da Silva (2010, p. 87 ss.).

LGT[89]), quer a generalidade dos Códigos fiscais é ainda fortemente tributária da ideia da relação tributária como relação jurídica de natureza obrigacional (sobre esta questão, *vide*, por todos Martinez, 1993, p. 161 ss., que analisa em especial, refutando, as críticas apontadas a esta ideia). A relação jurídica é ademais, como considera Nabais (2003, p. 235 ss.), uma relação jurídica complexa que integra: (*i*) titulares do poder tributário; *(ii)* sujeitos passivos ou titularidades passivas, quer na relação fiscal *principal* (contribuinte, substitutos, retentores, responsáveis fiscais, sucessores, suportadores económicos do impostos, etc.), quer nas múltiplas obrigações ou deveres acessórios (v.g. obrigações declarativas e/ou de natureza contabilística); *(iii)* conteúdo (justamente, a obrigação principal de pagar o imposto e as obrigações acessórias) e as relações em que este se desdobra. Posto isto, pode então afirmar-se que a técnica do imposto se traduz no conjunto das operações pelas quais se estabelece e se cobra o imposto, sendo certo que as mesmas ocorrem no âmbito de uma relação jurídica de natureza obrigacional.

Em Duverger (1976), encontramos uma descrição ainda hoje pertinente da técnica fiscal, sendo certo que a mesma pode conhecer concretizações várias, em função da natureza do imposto (se é imposto directo ou indirecto, se é imposto de quota fixa ou de quota variável, se é imposto periódico ou de obrigação única, etc.). O autor distingue entre duas grandes fases. A *fase do estabelecimento do imposto* e a *fase da cobrança*. A primeira fase integra, por sua vez, duas operações: *i)* A determinação da matéria colectável – existindo uma grande diversidade de matérias susceptíveis de tributação, tal como diversas são as técnicas de avaliação da matéria colectável (avaliação directa *versus* avaliação indirecta ou por métodos presuntivos); *ii)* A liquidação propriamente dita, que consiste no cálculo do montante devido pelo

---

[89] Aprovada pelo Decreto-Lei n.º 398/98, de 17 de Dezembro.

contribuinte, uma vez conhecida a matéria colectável relevante (na maior parte dos casos, o cálculo processa-se pela aplicação de uma taxa fixada na lei). Por seu turno, a fase da cobrança (ou pagamento) fica marcada por alguns procedimentos e expedientes de ordem administrativa e financeira.

No caso português, podemos tomar como ponto de referência o Código do IRS (CIRS)[90] – até por razões de comparabilidade ulterior com o CC – e verificar, tendo em conta a sua estrutura, como estes dois aspectos, o uso de técnica fiscal e o pressuposto "intelectual" da relação jurídica obrigacional, se conjugam e entrecruzam. Atente-se, assim, no Quadro VII que nos mostra a estrutura do CIRS e a sua adaptação a estes dois aspectos referidos.

Quadro VII
Estrutura do CIRS, técnica do imposto e conteúdo da relação jurídica fiscal

Técnica do imposto (segundo Duverger)	Estrutura do CIRS	Conteúdo da Relação Jurídica Fiscal
1. Estabelecimento do imposto: determinação da matéria colectável e liquidação	1. Incidência	→ Deveres / obrigações acessórias
	2. Determinação da matéria colectável	
	3. Liquidação	
2. Cobrança	4. Pagamento	
	5. Deveres acessórios	→ Obrigação principal: pagar o imposto

---

[90] Aprovado pelo Decreto-Lei n.º 442-A/88, de 30 de Novembro, com inúmeras alterações.

Um comentário à margem. As duas colunas do centro e da direita evidenciam o desajuste que se verifica na estrutura do CIRS, em termos de acomodação da sequência temporal do processo fiscal, designadamente no que respeita ao momento de concretização dos deveres acessórios e do dever principal de pagar o imposto. Isto é explicado pela necessidade de observância das regras da legística formal. No CIRS, a enunciação das obrigações ou deveres acessórios aparece, pela razão apontada, na sua parte final, em momento posterior ao do da definição das regras de pagamento/cobrança do imposto. Ora, na prática, no procedimento fiscal aplicável a cada um dos contribuintes, o desenho temporal destas obrigações dá-se de forma diversa (e até de forma invertida): a realização das obrigações acessórias de natureza declarativa e contabilística é concomitante (e às vezes antecede) a fase do estabelecimento do imposto (incidência, determinação da matéria colectável e liquidação), logo antecede também a fase do pagamento.

Para além do que antecede, pode dizer-se ainda que a técnica do imposto fica marcada por particularidades semânticas que funcionam, simultaneamente, como instrumentos operativos próprios. Estes aspectos são visíveis ao longo do processo tributário e acontecem, assim, nas diferentes fases *supra*. A figura seguinte descreve este processo de forma muito simplista, concretizando algumas dessas particularidades semânticas/instrumentos operativos que aparecem nas diferentes fases. Assim:

Figura 1
Fases do procedimento fiscal:
particularidades semânticas/instrumentos operativos

```
Incidência pessoal:
- Sujeito passivo stricto sensu:
contribuintes e outros devedores do
imposto (substitutos, responsáveis,
etc.)

Incidência real: rendimentos
sujeitos e não excluídos
```

```
Determinação da matéria
colectável

- Deduções ao rendimento
(consideração das
despesas/custos do contribuinte)
```

```
Liquidação
- aplicação da taxa à matéria
colectável

Deduções à colecta (despesas do
agregado familiar) - Benefícios
fiscais
```

```
Pagamento
```

A "metalinguagem" fiscal é assim feita de conceitos que funcionam pois, também, como verdadeiros instrumentos operativos (e que permitem a passagem de uma fase à seguinte). Destes conceitos destacamos os seguintes: incidência, sujeitos passivos, contribuintes, substituição tributária, deduções específicas, deduções à colecta, benefícios fiscais, etc..

A questão que se coloca é agora é a de saber se o novo CC adopta esta "metodologia" e esta "metalinguagem" fiscais, se a ignora ou se procura, ao invés, uma solução de compromisso entre a via fiscal e a via mutualista/previdencial (a que no ponto anterior também nos referimos). Pois bem, quer-nos parecer que é esta terceira hipótese que se verifica. Na verdade, embora a tradição previdencial esteja ainda em evidência na legislação contributiva da segurança social, ela tem feito ao longo do tempo um caminho de aproximação à técnica e linguagem fiscais. A partir da estrutura assumida pelo CC, é então possível identificar quais os elementos retirados da "tradição" mutualista e quais os elementos onde a aproximação à técnica fiscal se faz sentir. Quer para o regime geral dos trabalhadores por conta de outrem (Título I da Parte II), quer para o regime geral dos trabalhadores independentes (Título II da Parte II), vamos encontrar de forma muito equilibrada o modo como o CC entrecruza as duas técnicas e linguagens, fazendo assim uma construção jus-tributária única, ela própria o reflexo das ambivalências genéticas que marcam as contribuições sociais. O legislador tece uma teia onde entrecruza os institutos previdenciais com alguns institutos fiscais e apresenta um resultado único no seu género (*sui generis*). A estrutura é similar em ambos os Títulos do CC.

O quadro VIII dá nota dessas influências, tendo por base o Título I, ou seja, o regime geral dos trabalhadores por conta de outrem. Assim:

Quadro VIII
A estrutura do CC e as suas influências matriciais
(tradição previdencial *versus* técnica fiscal)

Estrutura do CC (Título I da Parte II)	Influência matricial Tradição previdencial	Influência matricial Técnica Fiscal
1. Âmbito (artigos 24.º-28.º)	Parcial	Parcial
2. Relação Jurídica de Vinculação (artigos 29.º-36.º)	Dominante: referência a actos de inscrição, declaração e enquadramento	Residual (corresponde a uma boa parte de direitos acessórios no Direito Fiscal)
3. Relação Jurídica contributiva		
3.1. Obrigações declarativas (artigos 37.º-43.º)	Dominante: integra nas obrigações contributivas, quer a obrigação declarativa dos rendimentos, quer a obrigação de pagamento	Não: a técnica fiscal ditaria distinguir claramente entre obrigação acessória (declarativa) da obrigação principal (pagar imposto) – recorde-se o quadro VII
3.2. Bases de incidência contributiva (artigos 44.º-48.º)	Residual	Dominante: o conceito de BIC é claramente retirado da técnica do imposto. Acresce a tendência de alargamento da BIC, aproximando-se da solução fiscal (*maxime* da solução contida no artigo 2.º do CIRS).
3.3. Taxas contributivas (artigos 49.º ss.)	Sim. Tendo em conta a referência a elementos que são claramente de raiz mutualista: custo técnico das eventualidades; desagregação da taxa contributiva global; princípio geral da adequação da taxa; taxas contributivas mais favoráveis.	Não. A referência às taxas contributivas mais favoráveis apenas pode ser "lida" de acordo com o discurso fiscal: ao fazermos essa adaptação, é então possível falar em desagravamentos de natureza estrutural e em benefícios fiscais (*Vide* de novo o ponto 3.2.3 do Capítulo I)

2.2. *Apresentação do Código Contributivo: novidades principais*

2.2.1. *Nota prévia*

Até à aprovação do CC, a matéria contributiva da segurança social (incluindo as relações jurídicas de vinculação e contributiva) encontrava-se dispersa por largas dezenas de diplomas, legais e infra-legais, produzidos pelos órgãos de soberania, mas também pelos órgãos de governo das Regiões Autónomas. A matéria contributiva estava fragmentada por diplomas de períodos muito diferenciados (alguns anteriores a 1974), verificando-se inclusive situações de desconformidade com certos princípios constitucionais, resultantes da aprovação da Constituição de 1976 e sequentes revisões constitucionais, designadamente o princípio da legalidade fiscal (*vide* ponto 1 deste Capítulo).

Por isto mesmo, e como menciona Ramalho (2010, p. 62), o CC assume por primacial «*um objectivo sistemático, que tem que ver com a introdução de algum saneamento legislativo nesta área*, através da substituição de inúmeros e dispersos diplomas vigentes por um corpo normativo unitário, abrangente, inteligível e coerente na matéria dos denominados regimes contributivos da segurança social». O legislador concretiza assim esta tarefa de saneamento legislativo pela via da codificação, o que, afirma a mesma autora (*idem,* p. 64), era nesta área não só possível como também desejável. Por duas razões fundamentais: por um lado, porque a codificação permite sanear o sistema normativo, concentrando um conjunto de diplomas num único texto; por outro lado, porque a evolução anterior do direito da segurança social foi viabilizando o desenvolvimento de eixos dogmáticos mais ou menos claros nos quais se pode sedimentar a codificação, assim propiciando uma reorganização do sistema normativo em moldes mais coerentes e acessíveis do exterior.

Vão mais longe ainda Fernandes e Goulart (2010, p. 50), quando afirmam que «o Código Contributivo configura pois a primeira sistematização na história da segurança social e é aqui que reside o seu principal valor. Este diploma vem sistematizar os normativos que regem toda a relação jurídica contributiva do sistema previdencial de segurança social, regulando todos os actos normativos desde o aparecimento do facto que determina a relação jurídica, os sujeitos e os seus direitos e obrigações, bem como as consequências do seu incumprimento e o respectivo quadro sancionatório. Para além desta importante sistematização, o Código veio ainda adequar os normativos em vigor, à factualidade contemporânea visando aprofundar a simplificação e modernização administrativa do sistema e seu relacionamento com os seus contribuintes».

2.2.2. *O regime dos trabalhadores por conta de outrem*

No ponto que agora iniciamos, iremos assinalar, ainda que de forma sintética, as principais novidades trazidas pelo CC no regime geral dos trabalhadores por conta de outrem (TCO). Algumas destas novidades foram também já aqui referidas; limitar-nos-emos, por isso, neste momento, a fazer-lhe uma breve referência com remissão. Destas novidades, destacamos pois:

§ 1. O alargamento da base de incidência contributiva.
O objectivo imediato desta medida é o da aproximação do regime das contribuições sociais à legislação fiscal (*maxime* ao disposto no artigo 2.º do CIRS). Os objectivos finais desta aproximação são, como referem Fernandes e Goulart (2010, p. 51), melhorar a taxa de substituição efectiva das prestações sociais e aumentar a eficácia do combate à fraude e à evasão contributiva. Dispunha até aqui, nesta matéria, o Decreto Regulamentar n.º 12/83, de 12 de Fevereiro (com alterações)[91] e

---

[91] Recorde-se o que antes dissemos (ponto 1.1. do Capítulo II) sobre o facto de matéria que hoje consideraríamos matéria essencial dos impostos – como é a definição da BIC – e sujeita pois ao princípio da legalidade fiscal ter sido no passado regulada por diplomas legais do Governo sem autorização legislativa ou até por diplomas infra-legais. O caso paradigmático foi justamente o do Decreto Regulamentar n.º 12/83. Note-se, contudo, que este diploma sofreu uma alteração em 1989, com a aprovação do Decreto-Lei n.º 102/89, de 29 de Março (regulando a incidência da taxa social única sobre os valores dos subsídios de refeição), este mesmo já um decreto-lei *autorizado* (pela Assembleia da República).

embora, neste, o elenco fosse já extenso, ainda se apartava do regime fiscal aplicável aos rendimentos do trabalho por conta de outrem. Em relação ao disposto neste diploma de 1983, o CC vem alargar o elenco das prestaçõcs integradas na BIC (relevam, agora, fundamentalmente os artigos 46.º e 48.º), ao mesmo tempo que determina, para a generalidade dessas novas situações, que a respectiva incidência se faça nos mesmos termos do CIRS (cf. n.º 3 do artigo 46.º).

Como novidade, assinalamos as prestações indicadas nas seguintes alíneas do n.º 2 do artigo 46.º do CC:

— Os valores atribuídos a título de despesas de representação desde que se encontrem predeterminados (alínea *n*);
— As gratificações, pelo valor total atribuído, devidas por força do contrato ou das normas que o regem, ainda que a sua atribuição esteja condicionada aos bons serviços dos trabalhadores bem como as que revistam carácter de regularidade (alínea *o*);
— As importâncias atribuídas a título de ajudas de custo, abonos de viagem, despesas de transporte e outras equivalentes (alínea *p*);
— Os montantes atribuídos aos trabalhadores a título de participação nos lucros da empresa, desde que ao trabalhador não esteja assegurada pelo contrato uma remuneração certa, variável ou mista adequada ao seu trabalho (alínea *r*);
— As despesas resultantes da utilização pessoal pelo trabalhador de viatura automóvel que gere encargos para a entidade empregadora (alínea *s*);
— As despesas de transporte, pecuniárias ou não, suportadas pela entidades empregadora para custear as deslocações em benefício dos trabalhadores (alínea *t*);
— Os valores correspondentes às retribuições a cujo recebimento os trabalhadores não tenham direito em consequência de sanção disciplinar (alínea *u*);

— Os valores despendidos obrigatória ou facultativamente pela entidade empregadora com aplicações financeiras a favor dos trabalhadores, designadamente seguros do ramo «Vida», fundos de pensões e planos de poupança reforma ou quaisquer regimes complementares de segurança social, quaisquer que sejam o objecto de resgate, adiantamento, remição ou qualquer outra forma de antecipação de correspondente disponibilidade ou em qualquer caso de recebimento do capital antes da data da passagem à situação de pensionista, ou fora dos condicionalismos legalmente definidos (alínea *x)*[92];

— As importâncias auferidas pela utilização do automóvel próprio ao serviço da entidade empregadora (alínea *z).*

Do que antecede, é possível retirar que o alargamento da BIC ficou sobretudo a dever-se à tributação, agora, de um conjunto significativo de remunerações acessórias (*"fringe benefits"*), até aí excluídas ou pelo menos não integradas na BIC de forma inequívoca, com destaque para as despesas de representação e certas modalidades de despesa de transporte (neste sentido, também Leitão, 2009, p. 80). Esta opção do legislador merece, de resto, a concordância deste autor (*idem,* pp. 81-82). Na verdade, afirma, «se o mesmo não ocorresse, ocorreria um tratamento discriminatório de contribuintes com idêntica capacidade contributiva, consoante a sua retribuição fosse paga normalmente ou através da atribuição de vantagens acessórias (violação da equidade horizontal), bem como poderiam ser tributados de forma mais gravosa contribuintes de menores rendimentos, que não recebiam vantagens acessórias (violação da equidade vertical). Para além disso, a não tributação das vantagens acessórias

---

[92] Sobre as diferenças de tributação destas aplicações, entre o CC e o CIRS, veja-se Cordeiro (2009, p. 845 ss.).

colocaria problemas de eficiência económica e neutralidade fiscal (...). Finalmente, a não tributação das vantagens acessórias funcionaria como um estímulo ao incumprimento das obrigações tributárias por parte dos contribuintes que se sentiriam descriminados por não auferirem estas vantagens».

Desta passagem, não podemos deixar de relevar um ponto, já antes aqui sobejamente tratado[93]: a tendência de alargamento da BIC, apontando para um *"gross based income tax"*, traduz-se também numa clara concessão ao princípio da capacidade contributiva; a salvaguarda da equidade horizontal e vertical, que parece ter então preocupado o legislador, confirma essa mesma tendência.

§ 2. <u>Alterações no domínio das taxas.</u>
Destas alterações, assinalamos as seguintes:
— Nova desagregação da taxa contributiva global: já antes demos nota desta evolução[94]. Pretende-se uma melhor adaptação do valor de cada componente da taxa ao custo técnico de cada eventualidade. Confrontando com a desagregação resultante do Decreto-Lei n.º 200/99[95], notamos o aumento (esperado) do custo técnico da eventualidade velhice e a diminuição do custo da eventualidade doença. Notamos ainda a supressão, no valor total da taxa contributiva, do custo com os encargos familiares, uma vez que hoje, como vimos também anteriormente, eles são assumidos pelo sistema de protecção social de cidadania (componente não contributiva da segurança social). Não obstante esta evolução, temos algumas dúvidas em considerar a desagregação da segurança social como verdadeira

---

[93] Capítulo I, ponto 3.2..
[94] § 1. do ponto 3.2.3 do Capítulo I.
[95] *Vide* quadros apresentados nessa ocasião.

desagregação actuarial; qualificamo-la antes como desagregação financeira (ainda *supra*, § 1. do ponto 3.2.3 do Capítulo I,).

— Alterações no domínio das taxas mais favoráveis: mantendo-se embora a "lógica" subjacente do Decreto-Lei n.º 199/99, houve algumas alterações relevantes, já antes detalhadamente analisadas[96]. Para além destas, destacamos agora as novas regras de tributação aplicáveis aos membros dos órgãos estatutários das pessoas colectivas e entidades equiparadas (artigos 61.º ss. do CC) e que substituem as regras até aqui constantes do Decreto-Lei n.º 327/93, de 25 de Setembro, com alterações. Estas regras dizem não apenas respeito ao valor das taxas contributivas aplicáveis (mais baixas do que a taxa normal, por haver redução do âmbito de protecção), mas respeitam também a outros aspectos (veja-se o Quadro IX).

---

[96] § 4. do ponto 3.2.3 do Capítulo I.

Quadro IX
Novas regras aplicáveis aos membros dos órgãos estatutários das pessoas colectivas e entidades equiparadas

Categorias de trabalhadores abrangidos	a) Administradores, directores e gerentes das sociedades e cooperativas, bem como mandatados para funções de administração, desde que o pagamento das remunerações seja assumido pela entidade administrada; b) Gestores de empresas públicas; c) Membros dos órgãos internos de fiscalização das pessoas colectivas; d) Os membros dos demais órgãos estatutários das pessoas colectivas Normas de exclusão – artigo 63.º
Âmbito material de protecção	a) Doença; b) Parentalidade; c) Doenças profissionais; d) Invalidez; e) Velhice; f) Morte Está excluída a protecção no desemprego.
Base de incidência contributiva	A BIC corresponde ao valor das remunerações efectivamente auferidas, com o limite mínimo igual ao valor do IAS e o limite máximo igual a 12 vezes o valor do IAS.
Caso particular	Se o valor real das remunerações exceder o limite máximo fixado anteriormente, o MOE pode optar pelo valor das remunerações efectivamente auferido, desde que a idade seja inferior à prevista no mapa do Anexo 1 do diploma (período de transição que vai de 2010 a 2028, em que a idade, partindo dos 56 anos em 2010, vai aumentando seis meses por cada ano, até atingir 65 anos em 2028).
Taxas aplicáveis	A taxa é de 29,6%, sendo de 20,3% para as entidades empregadoras e de 9,3% para os trabalhadores.

— Adequação das taxas contributivas à modalidade de contrato de trabalho: Esta é uma das maiores novidades do CC e traduz-se no facto de a taxa ser reduzida, em um ponto percentual, se a modalidade for o contrato de trabalho por tempo indeterminado e ser aumentada, em três pontos percentuais, se a modalidade for o contrato de trabalho a termo resolutivo (cf. artigo 55.º).

Mas as alterações não se ficam por aqui. O CC teve ainda a preocupação de ir ao encontro das novas modalidades de prestação de trabalho, marcadas pela sua flexibilidade temporal ou diferente durabilidade. É o caso, particularmente, dos contratos de muito curta duração, de trabalho intermitente (cf. artigos 92.º-94.º do CC) e em regime de acumulação (sobre o assunto, ainda Fernandes e Goulart, *idem,* p. 55). Trata-se, desta forma, de dar relevância contributiva a situações que, de acordo com os "canônes" tradicionais de enquadramento e de contribuição, ficariam de fora, deixando desprotegidos os trabalhadores em causa. Esta é aliás também uma tendência: a da adaptação dos sistemas de segurança social aos novos riscos sociais. Ora, de entre outros novos riscos sociais, já assinalados por alguma doutrina (Joint-Lambert, 1995, p. 779 ss.), assumem evidência, na contemporaneidade, *as alterações no funcionamento dos mercados de trabalho,* com o aparecimento de formas heterodoxas ou atípicas de prestação de trabalho (que tendem a sobrepor-se às modalidades tradicionais), muito marcadas pela ideia de flexibilidade: flexibilidade quanto ao local de trabalho, flexibilidade quanto ao horário, flexibilidade, enfim, quanto à duração do próprio contrato. A legislação de segurança social, ao dar significado contributivo (e prestacional também) ao desempenho dos trabalhadores nestas condições e circunstâncias, adapta-se aos aspectos exuberantes do seu tempo: o dinamismo, a mobilidade, a volatilidade, a incerteza.

2.2.3. *O regime dos trabalhadores independentes*

Vamos agora mencionar as novidades mais importantes no regime dos trabalhadores independentes – TI (*vide* Título II da Parte II do CC, artigos 132.º ss.). Assim:

§ 1. Supressão da distinção entre esquema obrigatório e esquema alargado de protecção social

A primeira grande alteração que podemos assinalar neste regime consiste na supressão da distinção entre esquema obrigatório e esquema alargado de protecção social (resultantes do Decreto-Lei n.º 328/93, de 25 de Setembro, com alterações[97]) e no estabelecimento de um esquema único e uniforme de protecção social dos TI. À luz do regime ainda vigente, o TI pode optar pelo esquema obrigatório, o qual integra a protecção nas eventualidades maternidade, paternidade e adopção, velhice, invalidez e morte ou pelo esquema alargado que integra também, além destas, as eventualidades doença, doenças profissionais e encargos familiares. A estes diferentes esquemas de protecção correspondem, naturalmente, taxas diferenciadas: 25,4% para o esquema obrigatório; 32%, para o esquema alargado.

Agora, com o CC pretende-se, pelo contrário, um esquema único e uniforme de protecção social, integrando as seguintes eventualidades:

a) Doença;
b) Doença profissional;
c) Parentalidade;
d) Invalidez;
e) Velhice;
f) Morte.

Não haverá pois, doravante, diferenciação das taxas contributivas aplicáveis, em razão da diferenciação dos âmbitos materiais de protecção.

---

[97] Este Decreto-Lei foi alterado pelos Decretos-Lei n.os 240/96, de 14 de Dezembro, 397/99, de 13 de Outubro, 159/2001, de 18 de Maio e 119/2005, de 22 de Julho.

§ 2. Mudança tendencial e progressiva do conceito de remuneração relevante: da remuneração convencional à remuneração real

Esta mudança, que há muito vinha sendo reclamada no funcionamento do sistema contributivo da segurança social, como factor de justiça, deu agora um passo importante com a aprovação do CC: à semelhança do que sucede com os trabalhadores por conta de outrem, entende-se que a BIC dos TI deve derivar dos rendimentos *realmente* auferidos, em vez de rendimentos pré--definidos e convencionados pelo trabalhador[98]. Simultaneamente, o CC reconhece que as condições operacionais estão agora satisfatoriamente reunidas, quando não o estavam no passado: não apenas porque a nível da administração fiscal se assiste a uma maior eficácia na cobrança de receitas fiscais, designadamente pelo reforço do controlo da fidedignidade das declarações prestadas pelos contribuintes, como ainda pelo facto de os mecanismos de troca de informações entre a administração fiscal e a administração da segurança social terem sido, nos últimos anos, claramente reforçados.

A remuneração convencional, fixada na legislação inicial sobre protecção social dos TI, foi, à época, uma inevitabilidade, um *mal menor*: entre ter-se uma qualquer remuneração por onde tributar, por pequena que fosse (equivalente, no mínimo, ao salário mínimo nacional), ou não ter-se nada, preferiu-se a primeira. Reunidas as condições bastantes para avançar para a tributação real, o legislador parece não ter hesitado: sente sólidas as garantias de obter uma tributação por uma remuneração maior e próxima, porque próxima, da remuneração auferida. Seja como for, mau grado a aproximação ao conceito de remuneração real, ela ainda não é inteira; existem resíduos do anterior esquema

---

[98] Sobre a aproximação dos dois regimes, veja-se o estudo já antigo, mas ainda oportuno de Langendonck *et aliud* (1997), p. 743 ss..

convencional. Como revela o quadro seguinte (Quadro X), a BIC do TI corresponde ao escalão de remuneração determinado por referência ao duodécimo do seu rendimento relevante (RR). Prevêem-se assim três etapas fundamentais: RR → Duodécimo → Escalão – IAS.

Quadro X
A BIC no regime geral dos TI

1.ª etapa: determinação do rendimento relevante (RR)	O rendimento relevante (anual) é determinado nos seguintes termos: a) 70% do valor total de prestação de serviços no ano imediatamente anterior ao da fixação da BIC b) 20% dos rendimentos associados à produção e venda de bens no ano civil imediatamente anterior ao momento da fixação da BIC
2.ª etapa: apuramento do duodécimo	Divisão do RR anual por 12 (meses).
3.ª etapa: correspondência do duodécimo ao escalão do Indexante dos Apoios Sociais (IAS)	A BIC é composta por 11 escalões de remuneração convencional determinados em função do valor do IAS. O primeiro escalão corresponde a 1 IAS; o último corresponde a 12 IAS.
	Notas: 1. Ao duodécimo do rendimento relevante convertido em percentagem do IAS, corresponde o escalão cujo valor seja imediatamente inferior (o beneficiário pode renunciar a esta decisão oficiosa e comunicar que pretende ser tributado pelo escalão que de facto lhe corresponde). 2. Valor do IAS em 2010: 419,22 €

§ 3. <u>Diferenciação das taxas contributivas em razão da natureza da actividade exercida</u>

Prevê-se agora a diferenciação das taxas em razão da natureza da actividade exercida; pelo contrário – recorde-se – foi suprimida a distinção em razão da amplitude da protecção legalmente assegurada. A diferenciação prevista (artigo 168.º do CC) é agora a seguinte:

a) <u>Produtores</u> ou <u>comerciantes</u> (pelo menos 75% do seu RR resulta desta actividade) – 29,6%;

b) <u>Prestadores de serviços</u> (mais de 25% do seu RR resulta desta actividade) –24,6%;

c) <u>Produtores agrícolas e cônjuges</u>, cujos rendimentos provenham única e exclusivamente do exercício da actividade agrícola – 28,83%;

d) <u>Proprietários de embarcações</u>, ainda que integrem o rol de tripulação, cujos rendimentos provenham única e exclusivamente do exercício da actividade da pesca local ou costeira – 28,83%;

e) <u>Apanhadores de espécies marinhas</u> e <u>pescadores apeados</u>, cujos rendimentos provenham única e exclusivamente do exercício da apanha de espécies marítimas – 28,83%.

Não se prevendo embora – como sucede no regime dos TCO – uma taxa (considerada) normal, por referência à qual se definem, depois, as outras taxas, as taxas favoráveis, a verdade é que vislumbramos agora, no regime dos TI, algumas afinidades com aqueloutro. De facto, o legislador foi agora sensível, também para este efeito, à existência ou de actividades economicamente mais débeis (como sucede relativamente às taxas previstas nas alíneas *c)*, *d)* e *e)*), ou ao carácter não lucrativo da actividade exercida e até, em certos casos, à aproximação dessa actividade ao trabalho por conta de outrem, senão juridicamente, pelo menos *de facto* (é o que sucede com a taxa mais favorável aplicável aos prestadores de serviços, referida na alínea *b)*)[99].

---

[99] A diferenciação positiva das taxas aplicáveis no caso dos prestadores de serviço tem, entre nós, essa razão histórica: a instrumentalização artificial da prestação de serviços na realização de trabalho dependente, sem as concomitantes garantias de estabilidade e protecção jus-laborais (os chamados "falsos recibos verdes").

§ 4. Tributação das entidades contratantes

O argumento acabado de invocar está por detrás, também, da seguinte previsão inovadora, constante do artigo 140.º do CC: as pessoas colectivas e singulares com actividade empresarial, que beneficiem da prestação de serviços de um TI, são consideradas entidades contribuintes da Segurança Social. A taxa contributiva é, neste caso, de 5% (n.º 4 do artigo 168.º)[100]. A razão de ser histórica reside, de novo, no recurso excessivo, entre nós, aos "falsos recibo verdes". Aos trabalhadores interessados e mesmo aos tribunais de trabalho nem sempre é fácil, ou possível, requalificar um contrato, em contrato de trabalho, quando este exibe as vestes de uma prestação de serviços. Agora, o legislador antecipa-se e contorna a dificuldade, ao menos para efeitos contributivos; vislumbra-se aqui, ainda que tenuemente, uma equiparação de regimes. Mas o legislador vai mais longe: trata de igual modo todas as situações, incluindo as "verdadeiras" prestações de serviço, ou seja, as situações em que o prestador de serviços exerce a sua actividade com total autonomia perante a entidade contratante. Aquela alegada razão de ser histórica perde-se assim, aproximando-se indiferenciadamente a prestação de serviços, qualquer que ela seja, do contrato de trabalho. Aproximando-se, enfim, também por esta via, o regime dos TI ao regime dos TCO.

Estas quatro novidades agora mencionadas favorecem uma derradeira reflexão sobre a natureza jurídica da contribuição paga pelo trabalhador independente. A tradicional vocação

---

[100] A alínea *f)* do artigo 281.º do CC, previa o ajustamento progressivo desta nova taxa: em 2010: 2.5%; em 2011: 5%. Com a suspensão do Código, a introdução faseada destas novas taxas, a verificar-se, como, de resto, todas as demais constantes do artigo 281.º, será sujeita a alteração/deferimento.

previdencial (seguradora) das contribuições que, historicamente, marcou o regime dos trabalhadores por conta de outrem sempre foi, pela natureza do trabalho em causa, mais evidente ainda no caso dos trabalhadores independentes, mormente desde que o respectivo regime de enquadramento obrigatório – o Decreto-Lei n.º 328/93 – foi aprovado. A preservação dessa "essência" previdencial não seria (não é?) de estranhar. Sem embargo, as alterações agora resultantes do CC apontam, também elas, para a fragilização da componente contributiva pura e dura: *i)* eliminação da possibilidade de "escolha" dos níveis de protecção e da determinação da taxa em função da amplitude material de protecção; *ii)* correlativamente, reforço da desagregação financeira em detrimento da desagregação actuarial da taxa contributiva global; *iii)* a acentuação da tributação pela remuneração real em detrimento da tributação pela remuneração convencional conduz à progressiva aceitação, também no caso dos TI, de um *"gross income tax"* com as consequências daqui resultantes (antes assinaladas a propósito dos TCO); *iv)* a diferenciação das taxas em razão da natureza da actividade acentua as considerações de solidariedade e traduzem, aqui também, uma concessão à ideia de capacidade contributiva; *v)* finalmente, a partilha do esforço tributário, no caso, das prestações de serviço, entre o trabalhador e a entidade contratante indicia uma maior proporção da componente fiscal (na parte que é paga, justamente, por esta última) no valor total da contribuição a pagar à Segurança Social.

Estes argumentos, a que se juntam, com as devidas adaptações, os que antes vimos a propósito do regime geral dos TCO[101], permitem considerar a hipótese da erosão, também nas contribuições pagas pelos TI, da sua vocação previdencial, em favor

---

[101] Ponto 3.2. do Capítulo I.

do reforço da "vocação" fiscal, a erosão, pois, do princípio da equivalência, com significativas (e tendencialmente crescentes) concessões ao princípio da capacidade contributiva. A exigir, em suma, avaliação dessas mutações (genéticas) nos próximos anos.

2.2.4. *O regime do seguro social voluntário*

Onde subsiste a dimensão previdencial e comutativa (aqui, ademais, com carácter voluntário ou facultativo) é no regime do seguro social voluntário. A adesão é, pois, voluntária, para cidadãos nacionais[102] que não estejam abrangidos por regime obrigatório de protecção social ou que, estando, tal não releve no âmbito do sistema de segurança social português (cf. artigo 169.º). Para além disso, prevê-se a inclusão de algumas situações especiais, designadamente relativas a certo tipo de trabalhadores marítimos e em determinadas condições (*vide* n.º 1 artigo 170.º) e, bem assim, pessoas que possam inscrever-se neste regime, nos termos do respectivo estatuto: o caso, por exemplo, dos voluntários sociais, dos bolseiros de investigação, dos agentes de cooperação e dos praticantes desportivos de alto rendimento (n.º 2 do artigo 170.º).

Para os casos referidos no artigo 169.º (situação normal), a protecção conferida integra as eventualidades invalidez, velhice e morte. Para as situações especiais, referidas no n.º 1 do artigo 170.º, essa protecção pode integrar ainda as eventualidades doença, doenças profissionais e parentalidade. Por último, para as situações especiais constantes do n.º 2 do artigo 170.º, a protecção garantida poderá integrar ainda as eventualidades doença, doenças profissionais e parentalidade (alínea *a*) do n.º 3 do artigo

---

[102] E ainda estrangeiros ou apátridas, residentes em Portugal há mais de um ano.

172.º), ou tão só doenças profissionais (alínea *b)* do mesmo), nos termos estabelecidos em legislação própria.

A BIC continua a ser uma remuneração convencional, à semelhança do que já resulta(va) do regime anterior, constante do Decreto-Lei n.º 40/89, de 1 de Fevereiro. Prevê-se, no entanto, o aumento do número de escalões indexados ao valor do IAS (cf. artigo 180.º).

As taxas contributivas sofrem também adaptações, em função do âmbito material de protecção, no respeito pelo custo técnico de cada eventualidade coberta ou não.

Capítulo III
Perspectivas de evolução futura das contribuições sociais

1. O alargamento da base de incidência contributiva e a tributação de outros factores para além do trabalho

O debate em torno da necessidade de alargar a base de incidência contributiva nas contribuições sociais não é novo. Foi sobretudo a partir de finais da década de oitenta do século passado e durante a década de noventa, que surgiram as principais propostas teóricas relativas a esta matéria, justificadas sobretudo por dois factores fundamentais.

Em primeiro lugar, como dissemos em outro momento[103], pela verificação, no plano teórico e empírico, dos efeitos macroeconómicos negativos sofridos pelos países mais desenvolvidos, em resultado da elevada carga tributária associada não apenas mas também às contribuições para a segurança social. Pelo que, como forma de restabelecer os níveis passados de emprego e de crescimento económico e de restaurar a competitividade perdida de muitos desses países (designadamente na Europa), se impunha desagravar a tributação incidente sobre o trabalho, ou seja, aliviar as empresas dos respectivos custos não salariais da mão-de-obra.

Em segundo lugar, porque o crescimento da despesa com o pagamento de prestações sociais parecia então fenómeno imparável, quer pelo impacto que já se fazia sentir ou adivinhava do envelhecimento demográfico sobre os sistemas públicos de pensões, quer pela pressão financeira do desemprego crescente sobre os orçamentos da segurança social, em virtude do aumento

---

[103] Parte I, ponto 1.2.

significativo do pagamento de prestações no desemprego. Como consequência, as necessidades financeiras e as necessidades de financiamento do sistema tinham já aumentado consideravelmente.

Se o primeiro factor parecia ditar a necessidade de desonerar o factor de produção de trabalho, ainda que à custa do agravamento correspondente de outros factores, o segundo apontava claramente para a necessidade de encontrar fontes alternativas de financiamento que superassem o "quadro tradicional" do financiamento pela tributação das contribuições sobre salários. E daí o desenvolvimento da ideia, rapidamente acolhida no plano legislativo[104], da *diversificação das fontes de financiamento*. Ora, nos termos do artigo 88.º da actual LBSS, este princípio «implica a ampliação das bases de obtenção de recursos financeiros, tendo em vista, designadamente, a redução dos custos não salariais da mão-de-obra».

Importa, antes de mais nada fazer notar que, conquanto o alargamento da base de incidência tributária esteja directamente relacionado com o objectivo da diversificação das fontes de financiamento, eles não se confundem porém. Enquanto este cobre por exemplo também a necessidade de afectar ao financiamento da segurança social outras fontes que não apenas as contribuições sociais (impostos directos ou indirectos, gerais ou especiais), o alargamento da BIC prende-se justamente com um elemento fundamental – a incidência tributária – destas mesmas contribuições (designadamente da parte que é suportada pela entidade empregadora). Entre nós, esta previsão não está hoje contemplada. Esteve-o na LBSS de 2000 e, tendo sido abandonada pela de 2002, não foi restabelecida agora, com a nova Lei. O que não quer dizer que o princípio da diversificação

---

[104] Entre nós, isso aconteceu na LBSS de 2000.

das fontes de financiamento não dê respaldo legal a uma eventual intenção política de avançar com esse mesmo alargamento da BIC.

Dos diversos textos produzidos sobre o assunto, assinalamos pela sua abrangência e sistematização, além do texto clássico de Schmähl (1988), entre nós, os de Maia (sem data) e de Santos (1992). Paralelamente, salientamos o documento de trabalho produzido pela Comissão de Regulamentação da LBSS de 2000 (2001) e que aqui se reproduz, no qual se deu nota também, em termos sintéticos, das propostas alternativas de extensão da BIC. Assim:

a) Tributação do volume de negócios
Trata-se de calcular as contribuições pagas pelas entidades empregadoras, segundo os valores de facturação ou o volume de negócios, considerado este como indicador do potencial económico das empresas.

Como vantagens desta medida, destacar-se-ia uma colecta de receita mais elevada e a sua relativa simplicidade prática. Como inconvenientes, assinala-se o facto de o volume de negócios não representar fidedignamente o potencial económico das empresas, considerando até que os *inputs* do negócio são muito variáveis de sector para sector económico. Assim, empresas cuja produção se situasse num estádio mais próximo do final do ciclo produtivo poderiam ser comparativamente mais penalizadas, sem que isso traduzisse, necessariamente, maior capacidade.

b) Tributação das amortizações
Neste caso, o indicador da capacidade económica seriam justamente os níveis de amortização praticados pela empresa. Não se tratava, pois, de tributar a amortização enquanto tal, ela seria tomada em conta como índice do grau da respectiva mecanização.

Esta medida teria a vantagem de possibilitar uma maior equidade na repartição das cargas contributivas entre as empresas mais intensivas em trabalho e as empresas intensivas no factor capital. Os inconvenientes, todavia, não seriam de menor significado: correr-se-ia o risco de trazer efeitos negativos para empresas e sectores que fazem uso intensivo do capital e que contribuem mais para o crescimento da economia; tratar-se-ia de uma penalização directa do investimento com reflexos nefastos sobre o processo de modernização tecnológica das empresas e sobre o emprego a médio e a longo prazos; a medida traria ainda inevitavelmente alguns problemas de controlo.

c) Tributação do valor acrescentado

De acordo com esta proposta, a BIC das contribuições pagas pelas entidades empregadoras coincidiria com o conjunto dos elementos de exploração da empresa, ou seja, tratar-se-ia de uma base muito alargada que incluiria, além dos salários, os encargos financeiros, as amortizações e os lucros de exploração. Esta base alargada corresponderia, assim, à diferença entre a produção acabada e os consumos intermédios, aplicando-se ao conjunto de bens e serviços produzidos.

A principal vantagem da solução estaria no seu efeito de neutralidade relativamente à combinação e utilização dos diferentes factores produtivos, com impacto positivo sobre o emprego. Na verdade, a medida acarretaria um abaixamento do custo relativo do trabalho em relação ao capital e a supressão da discriminação entre empresas capital intensivas e empresas mais intensivas em mão-de-obra. Acresce o facto de, sendo a BIC bastante mais alargada do que no esquema tradicional, isso possibilitaria, em contrapartida, a redução das taxas contributivas a suportar por todos e cada um dos contribuintes. No entanto, pela penalização do investimento a ela subjacente, tal medida não deixaria de ter como importante inconveniente o previsível abrandamento dos esforços de modernização do aparelho produtivo, com consequências negativas sobre a economia e, de novo, sobre certos tipos de emprego.

Estas propostas de alargamento da BIC não se confundem, como atrás dissemos, com as iniciativas de afectação de impostos ao financiamento da segurança social. Esta opção que é, aliás, hoje na generalidade dos países europeus, uma opção vulgar e efectiva, não tem no entanto um sentido único e comum a todos eles. Na verdade, as opções são múltiplas e encontramos nos diferentes ordenamentos jurídicos tipos diversos de impostos a financiar a segurança social, no seu todo ou em parte dela (v.g. determinado tipo de prestações). Já em outro estudo anterior, analisámos com detalhe estas soluções alternativas de financiamento e aí evidenciámos os respectivos efeitos económicos, designadamente quando comparadas com o financiamento "tradicional" através de contribuições sociais (assim, Cabral, 2001). Agora, sem querermos ser exaustivos, apontamos apenas os aspectos essenciais desta discussão.

Ora, as alternativas fundamentais põem-se entre recorrer aos impostos directos sobre o rendimento ou aos impostos indirectos (impostos sobre o consumo), gerais ou especiais. Se a opção pelos impostos directos enquanto forma primacial ou exclusiva de financiamento coincide com a solução universalista/nórdica de protecção social, a segunda tem sido sustentada e concretizada, a partir da crítica feita pelos economistas do liberalismo (*maxime* da escola da oferta) às inúmeras distorções económicas provocadas pelo financiamento contributivo tradicional. Na verdade, segundo estes, o financiamento por contribuições sociais põe em causa a neutralidade económica, pois que as mesmas, além de traduzirem, como vimos, um enorme desincentivo ao investimento no "capital" humano (ou seja, à contratação de trabalhadores e ao emprego), tendem a favorecer comportamentos indesejáveis, como sejam a opção pelo ócio e o trabalho em actividades *clandestinas*.

Daí pugnar-se pela afectação da receita do *imposto geral sobre o consumo*, o IVA (imposto sobre o valor acrescentado), ao financiamento da segurança social, como alternativa total ou parcial ao financiamento pela via contributiva. Aponta-se-lhe como principal vantagem o facto de garantir a neutralidade económica, não distorcendo as condutas dos agentes económicos, ainda que isso à custa de perda de eficácia no plano da redistribuição *intrageracional* (de ricos para pobres) e *intergeracional* (de jovens activos para idosos). No primeiro plano, em virtude da natureza tendencialmente regressiva do IVA, no segundo, porque o esforço fiscal é suportado de forma idêntica por trabalhadores no activo e por idosos já reformados.

A Comissão Europeia, sobretudo desde o seu importante *Livro Branco Crescimento, Competitividade e Emprego* (1993), vem defendendo esta via alternativa de financiamento num contexto de promoção do emprego no espaço comunitário. Ao mesmo tempo, sugere outras opções de financiamento, desta feita pelo recurso a *impostos específicos sobre o consumo* (IEC´s). Entretanto, alguns países europeus enveredaram pelo recurso aos IEC´s, como fonte de financiamento, ainda que também aqui o espectro seja bastante alargado e as opções muito diversificadas. No caso francês, por exemplo, optou-se por afectar a receita proveniente do imposto sobre o consumo de certas bebidas alcoólicas ao financiamento das prestações na doença e na maternidade. A consignação da receita deste imposto especial sobre o consumo (e quem pensa neste, pensa também, por identidade de razão, no imposto sobre o tabaco ou no imposto sobre os produtos petrolíferos) a certo e determinado tipo de prestação social – designadamente na eventualidade doença ou pelo estado de saúde geral da população – é legitimada, aos olhos dos cidadãos contribuintes, como meio adicional de financiamento daquelas importantes prestações sociais, ainda que possa não existir verdadeiramente uma justificação económica da mesma, à luz do princípio da equivalência e da consignação da receita respectiva (sobre o assunto, Vasques, 1999). Seja como for, sempre se vislumbra uma especial relação entre a receita que se colecta e a despesa a que a mesma se destina (ou seja, não é uma afectação totalmente aleatória e inusitada). Com efeito, a receita é encontrada num imposto que incide sobre comportamentos que põem em risco a saúde pública e a despesa a que se destina é a despesa associada à melhoria do estado de saúde da população, através das prestações que a garantem (*maxime* a prestação na doença). Vão, aliás, na mesma linha de fundamentação as propostas de recurso a impostos ou taxas ambientais (sobre a emissão de CO_2). Porque também aqui se encontra uma especial legitimação na afectação da receita de tributos incidentes sobre comportamentos tendencialmente nocivos para a saúde relativamente a prestações sociais nesta mesma área (v.g., de novo, as prestações na doença e ou os cuidados médicos).

Original, por sua vez, foi a criação em alguns países (França, Bélgica, etc.) de impostos novos alternativos, visando especificamente o financiamento de certas e determinadas prestações da segurança social. Destes, destacamos a introdução em França, em 1991, da *contribution social généralisée* (CGS), apontada como um princípio de "tributarização/fiscalização" do financiamento das prestações familiares, até então financiadas quase exclusivamente pelas contribuições das entidades empregadoras (Euzéby, 1996). Definiu-se nela, desde logo, uma BIC bastante alargada, constituída pelos salários, pelos rendimentos profissionais dos não assalariados (industriais, comerciantes, profissionais liberais, etc.), pelos rendimentos do património imobiliário e financeiro (com excepção de algumas aplicações) e por certas prestações sociais (pensões de invalidez e de velhice, excepto para titulares isentos de imposto sobre o rendimento, prestações por doença, excepto em casos de incapacidade prolongada, e prestações no desemprego, desde que de valor superior a uma vez o salário mínimo).

O objectivo primordial deste imposto com um taxa inicial de 1,1% e destinado a financiar a *"Caisse nationale des allocations familiales"*, foi o de garantir uma maior neutralidade financeira no tratamento a dar aos diferentes factores no financiamento da segurança social. Na verdade, a introdução permitiu, no imediato, o desagravamento correspondente da taxa suportada pelos empregadores a título de contribuição destinada ao financiamento das prestações familiares. A par daquele mencionado objectivo, à medida foram ainda associadas outras finalidades (ainda Euzéby, 1996), a saber: *i)* Um *objectivo de princípio* relacionado com a preocupação de introduzir um certo nível de financiamento fiscal numa área de protecção social que relevava mais da solidariedade nacional do que da solidariedade profissional; *ii)* Um *objectivo económico-financeiro* ligado ao facto deste imposto permitir uma receita elevada com uma taxa baixa, por força da sua base de incidência alargada. Simultaneamente ele apresentava menos riscos de distorções económicas do que o imposto sobre o rendimento e seria menos impopular pois que, ao contrário deste, a CSG seria totalmente obtida na fonte (ainda sobre a CSG, *vide* Bichot, 1991, Euzéby, 1991 e Prétot, 1991).

A taxa da CSG viria depois a ser aumentada, em 1993, para 3,4%, sendo a diferença de 1,3 pontos percentuais destinada ao *"Fonds de solidarité vieillesse"*, tendo em vista designadamente o financiamento de prestações de carácter não contributivo: mínimos sociais, majorações de pensões em virtude de encargos familiares, equivalências de períodos de desemprego e de serviço militar para efeitos de formação e cálculo da pensão[105].

---

[105] Como assinala ainda Euzéby (1996), em 1996 foi também criado um outro imposto novo, próximo da CSG, mas com uma base de incidência

Ainda no domínio da criação de impostos específicos destinados ao financiamento da segurança social, conhecem-se também as propostas de criação de um imposto geral sobre o património e a riqueza (por vezes denominado *imposto sobre as grandes fortunas*) e de um imposto sobre as transacções em bolsa (inspirado na solução Tobin). Entre nós, estas propostas têm sido preconizadas sobretudo por alguns partidos políticos de esquerda. Recentemente, no quadro do processo de aprovação da nova LBSS, o Partido Comunista Português e o Bloco de Esquerda apresentaram na Assembleia da República, projectos de lei de onde constava a criação de tais tipos de impostos (*vide*, respectivamente, Projectos de lei n.º 327/X e 322/X, de 2006). A resistência à criação destes novos impostos, enquanto fonte alternativa de financiamento da segurança social, é de ordem política e ideológica, mas também de ordem económica e técnica. A grande dificuldade prende-se com o enxerto no financiamento da segurança social de um tipo de tributo que, atenta a respectiva base de incidência, nada teria, em princípio que ver, com a "lógica financeira tradicional" do sistema: um sistema que se financia a partir dos salários dos trabalhadores, pois que visa acorrer às perdas salariais quando as eventualidades típicas as provoquem.

---

ainda mais alargada: "*la contribution pour le remboursement de la dette sociale*" (RDS). Este incide, na verdade, sobre todos os rendimentos sociais (excepto os mínimos sociais) e sobre a grande maioria das aplicações financeiras. Foi previsto inicialmente para um período de 13 anos com uma taxa de 0,5%, tendo em vista o financiamento da dívida do regime geral de segurança social dos assalariados e da "*Caisse nationale d'assurance maladie et maternité des non salariés*" (CANAM).

2. Dos limites contributivos à adequação do esforço contributivo: a mudança de paradigma

2.1. *Limites superiores contributivos e o reforço dos regimes complementares privados*

As remunerações dos trabalhadores que constituem ainda, como vimos, a BIC das contribuições para a segurança social podem ser ou não objecto de limites, mínimos e máximos. A previsão de limites mínimos ao valor das remunerações, abaixo do qual não há lugar a tributação (qual mínimo de existência fiscal), que encontramos em alguns países como o Reino Unido, prende-se hoje com a necessidade de fomentar o emprego, ainda que pelo recurso a formas alternativas de contratação de trabalhadores (em obediência ao novo "paradigma laboral"), designadamente a promoção do trabalho a tempo parcial[106], aliviando para tanto o esforço contributivo a suportar pelos trabalhadores e pelas empresas.

Diferente é o objectivo subjacente à previsão de um limite ou tecto máximo ao valor das remunerações, identificado, entre nós, pelo galicismo *plafonamento* contributivo. Diversos são os países que consagram, pelo menos para algumas das suas contribuições, o limite superior contributivo (os casos da Alemanha, Áustria, Espanha, França, Grécia e Reino Unido), embora a sua concretização, na história dos modernos sistemas de segurança social, não seja de todo linear e irreversível. Na verdade, a partir sobretudo da década de sessenta passada, alguns países,

---

[106] No passado, a previsão de limites mínimos prendia-se sobretudo com a preocupação de evitar práticas fraudulentas na declaração intencional de salários muito baixos, falseando assim os montantes das contribuições a pagar (neste sentido, Maia, 1997b).

motivados certamente pela necessidade de ver aumentadas no imediato as receitas com a cobrança de contribuições sociais ou pela necessidade de ver alargada a cobertura assegurada pelo sistema público, haviam iniciado um processo de abandono do *plafond*. Como assinalava ainda Maia (1997b), a França constituiu o principal expoente deste movimento, que teve lugar por ramos ou áreas de protecção social: entre 1967 e 1984, relativamente às contribuições destinadas a financiar as prestações pecuniárias por doença; depois, em 1989, as contribuições relativas às prestações familiares; finalmente, em 1989, quanto ao financiamento dos acidentes de trabalho. Por tudo isto, o *plafonamento* subsiste aqui, apenas, em relação às contribuições destinadas a financiar as pensões de velhice. Também em Portugal se abandonou o *plafonamento* ainda durante a década de setenta. O mesmo se passou, de forma total ou parcial, na Noruega, na Suécia, em Itália e na Suíça.

Ora, nos países que não consagram o *plafond*, porque nunca o consagraram ou porque o abandonaram (o caso de Portugal), a questão voltou a ser muito discutida, sobretudo desde meados dos anos noventa do século passado, no quadro dos processos, então iniciados, de reforma dos sistemas de segurança social respectivos. À defesa da introdução do plafonamento (ou ao seu reforço) não foi alheia a tese preconizada pelo Banco Mundial (1994), no famoso relatório *Averting the Old Age Crisis, Policies to Protect the Old*, e a defesa, neste, da *teoria dos três pilares de protecção social* e do concomitante reforço da componente privada complementar. Entre nós, o relatório foi apreciado e deu o mote à aprovação do não menos importante *Livro Branco da Segurança Social* (1998), no qual se viria a advogar, não sem algumas dúvidas, a introdução de um limite superior contributivo, passo considerado necessário para a criação de uma segunda pensão obrigatória gerida em regime de capitalização pelo sector privado (o segundo pilar de protecção social). A médio e longo prazos, a introdução do plafonamento permitiria assegurar a redução da despesa com o pagamento de prestações sociais (*maxime* de pensões) – pois que também elas seriam limitadas no seu valor máximo – e, desta forma, preservar a sustentabilidade financeira futura do sistema público de repartição (reconduzido agora ao primeiro pilar de protecção social).

As vantagens associadas ao plafonamento foram, com efeito, identificadas nos trabalhos de preparação do *Livro Branco*. Destacamos, a partir do documento então produzido pelo Centro de Investigação de Economia Financeira – CIEF, do Instituto Superior de Economia e Gestão (1996), as seguintes:

a) <u>Limites dos valores dos benefícios</u>: o *plafond* garante a restrição da dimensão do sistema público, limitando o montante máximo que o sistema poderá pagar a cada indivíduo. Daqui resulta como vantagem principal a contenção da despesa com pensões, poupando, nas pensões mais elevadas, o excesso pago em relação ao limite fixado. Em termos gerais, o ganho efectivo directo depende do nível em que é fixado o *plafond*, que determina o número de pensionistas atingidos e a consequente poupança obtida.

b) <u>Criação de uma zona automática de expansão dos pilares privados da reforma em capitalização</u>: se o salário máximo para efeitos de pensão fosse fixado num nível suficientemente baixo, estariam criadas as condições para o desenvolvimento de um pilar de reforma em capitalização.

c) <u>Selectividade de algumas prestações</u>: o *plafond* permitiria, com efeito, transformar certas prestações, em prestações de natureza selectiva.

d) <u>Dinamização do mercado de capitais</u>: No longo prazo, os efeitos benéficos desta dinamização far-se-iam sentir ao nível da taxa de juro real e do fomento do investimento.

e) <u>Economias futuras nas pensões</u>: Com o aumento da esperança média de vida, tal *plafond* permitiria obter economias relacionadas com a sobrevivência dos pensionistas.

f) <u>Justiça social</u>: a criação de um segundo pilar obrigatório permitiria a obtenção de receitas adicionais provenientes do mercado de capitais que poderiam financiar o primeiro pilar.

g) <u>Integração dos sistemas público e privados</u>: a criação de um sistema privado de pensões, associado a uma clara definição fiscal das pensões, permitiria integrar as componentes pública e privada e melhoraria a supervisão do sistema.

No entanto e ainda no quadro do processo de elaboração do mesmo *Livro Branco*, não deixaram de ser apontados os efeitos negativos que, em geral, podem ser associados à existência do *plafonamento* contributivo. Destas chamadas de atenção, evidenciamos as de Maia (1997b), o qual nos dá nota das críticas ao longo de anos apontadas a este limite. As críticas partem, no essencial, da afirmação de que a existência de limites superiores contributivos é dificilmente aceitável nos sistemas modernos, *universalizantes*, de segurança social. O *plafonamento* põe em causa a prossecução do objectivo de solidariedade laboral, subjacente a estes sistemas, ao implicar efeitos regressivos no plano da tributação dos trabalhadores: o esforço fiscal destinado ao financiamento da componente pública será proporcionalmente maior para os trabalhadores de rendimentos mais baixos. Assim fica posta em causa quer a equidade horizontal, pelo facto de o *plafond* apenas recair sobre os rendimentos de trabalho, quer a equidade vertical, em virtude do carácter regressivo desta fórmula de tributação. Por isso, alguns autores têm pugnado pelo *"des-plafonamento"* nos países onde este se mantivesse em vigor.

No caso português, discutiu-se então, aquando da preparação do *Livro Branco*, a sua reintrodução, como forma justamente de pôr cobro, no longo prazo, ao crescimento aparentemente imparável da despesa com pensões. Seja como for, o entusiasmo posto pelo *Livro Verde da Segurança Social* (1997) – a versão preliminar do *Livro Branco* – na concretização desta medida parece ter cedido passo na versão final do *Livro Branco* ao reconhecimento desencantado dos perigos de uma tal alteração (assim, pp. 216 e 217). Desde logo no plano financeiro estrito, em virtude da perda, no imediato, de uma importante "fatia" de receitas, desviadas, na parte acima do tecto contributivo, para regimes complementares privados, e pondo assim a causa a capacidade da segurança social em fazer face aos seus compromissos correntes e quotidianos com o pagamento de pensões e de outras prestações sociais. A introdução do plafonamento acarretaria assim inúmeras dificuldades, designadamente durante a fase da transição do regime puro de repartição para o regime misto de repartição e de capitalização.

Para minimizar a perda de receitas, mormente durante este período, diversas foram (e são) as propostas apresentadas, nomeadamente, claro está, pelos defensores do *plafonamento*. Como assinalámos em outro momento (Cabral, 2005), tais propostas vão «desde a aceitação de um esquema de capitalização parcial, até à introdução faseada, ou seja, com um esquema progressivo que permita também levar em linha de conta direitos adquiridos ao abrigo do regime anterior, aplicando o novo regime apenas aos contribuintes que sejam novos subscritores ou com idade abaixo de uma previamente determinada e/ou com períodos de desconto inferiores a um período fixado, passando pelo reconhecimento de que só um *plafond* suficientemente elevado poderá acarretar um efeito financeiro "neutro" para a segurança social (acabando este, todavia, por perder assim grande parte do seu *interesse*, designadamente no longo prazo)» (pp. 101 e 102). A estas medidas têm-se associado outras propostas que vão no sentido de se encontrar fontes alternativas de financiamento do sistema público de repartição, para fazer face àquela perda imediata de receitas: por um lado, advoga-se o agravamento da carga fiscal (designadamente do IVA); por outro, o recurso à dívida pública. Estas medidas encontram, não obstante, algumas dificuldades, tendo em conta desde logo a situação financeira actual do país. Se a primeira exige aos contribuintes, no período de transição, a duplicação do seu esforço tributário (pois que além do financiamento do sistema público de repartição e do novo sistema complementar, eles serão chamados também a pagar taxas mais elevadas de imposto), a segunda, além de colocar dificuldades ao Estado em virtude dos compromissos assumidos perante a União Europeia (associados ao Pacto de Estabilidade e Crescimento), pretende resolver o problema da dívida *implícita* à custa da emissão de nova dívida pública expressa, ou seja, transferindo, de igual modo, para as futuras gerações o encargo a ela associado[107].

Por tudo isto, chega-se mesmo a reconhecer (e isso sucedeu no próprio *Livro Branco)* que o plafonamento é incapaz, só por si, de resolver o problema da (in)sustentabilidade financeira da

---

[107] Não é, todavia, exactamente assim. Na verdade, o PEC, sobretudo após a sua revisão de 2005 (com a aprovação dos Regulamentos do Conselho, n.ᵒˢ 1055/2005 e 1056/2005, de 27 de Junho), dá especial ênfase à questão da sustentabilidade de longo prazo das finanças públicas, tolerando e até saudando as reformas estruturais que possam implicar, nesse prazo, uma melhoria da situação orçamental dos Estados, ainda que, no curto prazo, impliquem uma eventual deterioração da mesma (por necessidade de aumento da despesa e/ou da redução das receitas). É o caso, justamente, das reformas (estruturais) nos sistemas de pensões, advogando-se expressamente a introdução de um sistema em vários pilares que incluam um pilar obrigatório de capitalização integral (como veremos, a transição para um tal sistema misto de pensões pode implicar, no curto prazo, uma perda mais ou menos significativa de receitas no curto prazo, no sistema público de repartição).

segurança social. Este ponto é fundamental: como veremos adiante, ele tem muito que ver com a questão conexa, de saber se e até que ponto é verdadeira a afirmação de que sistemas de pensões baseados na capitalização (como sucederá numa grande parte, naqueles que contemplem o *plafond* contributivo) serão de facto *imunes* do ponto de vista financeiro ao problema demográfico e, concretamente, ao envelhecimento da população – por oposição ao que sucede com os sistemas de repartição, especialmente vulneráveis a este problema.

Pesem as dúvidas, a anterior LBSS (a Lei n.º 32/2002) havia previsto e regulado à exaustão a criação de limites superiores contributivos, ao mesmo tempo que definia com grande detalhe as características e elementos do sistema complementar. Este, de natureza fundamentalmente privada, seria constituído por regimes legais, regimes contratuais e esquemas individuais de protecção, os dois primeiros de carácter tendencialmente obrigatório, os últimos de natureza facultativa. A previsão, não de um, mas de dois tectos contributivos (aspecto verdadeiramente inovador em comparação com as anteriores LBSS), encontrava-se associada e em estreita articulação com cada um destes regimes do sistema complementar. O *plafonamento* era a ponte e a condição para a expansão inequívoca do segundo e terceiros pilares de segurança social, ou seja, para o aprofundamento da gestão em capitalização do sistema. Nos termos do seu artigo 46.º, previa-se, com efeito, dois limites contributivos: *i)* um, mais elevado (limite superior contributivo), a partir do qual deixaria de ser obrigatório contribuir para o sistema público ou privado complementar; *ii)* outro, a fixar entre o limite superior e um valor indexado a um factor múltiplo do salário mínimo nacional (limite contributivo intermédio), no qual, mantendo-se a obrigatoriedade de contribuir, os beneficiários teriam a opção de o fazer ou para o sistema público ou para o sistema complementar (sobre o assunto, Neves, 2003). Assim sendo, enquanto que este limite intermédio abria espaço ao desenvolvimento dos regimes legais e contratuais do sistema complementar (*maxime* através de planos profissionais de reforma), já a partir daquele limite superior, o campo livre seria o dos esquemas individuais facultativos (designadamente, os planos individuais de reforma).

A actual LBSS parece ter ido menos longe e mais longe do que a sua antecessora. Menos longe, porque ao aceitar, em princípio, a introdução de *plafonds* contributivos (artigo 58.º), fá-lo num quadro de facultatividade. Com efeito, os regimes complementares de natureza privada, quer sejam de iniciativa colectiva ou individual, com os quais o *plafonamento* se articulará, são agora necessariamente de instituição facultativa. Por outro lado, a LBSS parece ser ainda mais cautelosa do que a Lei anterior no tocante à eventual criação de tais limites, pois que assegura que a mesma deve fazer-se no respeito pelos direitos adquiridos e em formação e garantindo quer a sustentabilidade financeira da componente pública do sistema de repartição e das contas públicas[108], quer o respeito pelo princípio da solidariedade (n.º 1).

Mas, por outro lado, a nova LBSS parece ter ido mais longe. Isto, na medida em que além de prever a aplicação de limites superiores aos valores considerados como BIC, admite «a redução das taxas contributivas dos regimes gerais», ainda com vista ao reforço da capitalização. O que se deve retirar desta previsão? O legislador – ainda que não muito entusiasmado com a ideia – admite que, no futuro, outros decisores possam ao abrigo deste preceito, enveredar ora por uma solução tradicional de *plafonamento* contributivo e de complementaridade *horizontal*

---

[108] Este aspecto é inovador.

(pois o "corte" que o *plafond* opera na BIC leva a que somente os valores de remuneração situados acima dele serão objecto de incidência no sistema complementar[109]), ora pela solução alternativa de complementaridade *vertical* que implique, concomitantemente, a redução do esforço contributivo para o sistema público de repartição (seja pela redução das taxas aplicáveis ou, em alternativa, subtraindo da tributação uma parte uniforme do valor da remuneração, independentemente do seu valor, a qual passa a constituir a base de incidência do sistema complementar[110]).

O artigo 58.º da LBSS pode, assim, vir a enquadrar alterações futuras muito diversas, quer quanto à configuração dos limites, quer quanto à afirmação do sistema complementar privado. Seja como for, o legislador parece ter sido, por ora, bastante sensível aos efeitos contraproducentes que a criação intempestiva de um *plafond* contributivo poderia trazer para o sistema: os seus efeitos negativos sobre a situação financeira da segurança social far-se-iam sentir no imediato e de forma pesada, pelo que os ganhos a retirar dele, sendo futuros, poderiam vir tarde demais.

---

[109] É evidente que serão desviados tantos mais recursos para o sistema complementar, quanto mais baixo for o valor do *plafond*. Com efeito, se este for elevado, apenas uma percentagem pequena de trabalhadores (os titulares de rendimentos mais elevados) serão atingidos pela medida e, ainda assim, numa pequena parcela remanescente da sua remuneração. Se este for baixo, a generalidade dos trabalhadores poderá ser atingida e relativamente a uma parcela significativa da respectiva remuneração (parcela que será tanto maior, quanto maior a remuneração remanescente do trabalhador em causa).

[110] Todos os trabalhadores serão atingidos na mesma medida (ainda que não proporcionalmente – efeito de regressividade), sendo que o valor depende da percentagem da remuneração canalizada para o sistema complementar.

2.2. *A adequação do esforço contributivo e o regime público de capitalização*

2.2.1. *As mudanças de paradigma*

O início do milénio parece ter determinado, na Europa e em Portugal, algumas mutações de paradigma, desde logo perante a estratégia que vinha sendo seguida desde o início da década de noventa passada, quer a nível interno nas legislações de cada um dos Estados membros, quer a nível comunitário nos documentos produzidos pelas instituições competentes.

A primeira grande mutação prendeu-se com o reconhecimento de que, contrariamente, ao que antes se fazia entender, os regimes de capitalização (*maxime* os planos profissionais de pensões de reforma) não seriam imunes ao estado da demografia e especialmente ao envelhecimento da população. Ou seja, àquela visão dogmática, segundo a qual somente os sistemas de repartição seriam afectados pelo envelhecimento – pelo que deveriam ser substituídos pelo sistema de capitalização ou minimizados em prol do fortalecimento deste – veio, paulatinamente, a sobrepor-se o entendimento, também ele avalizado no plano científico, de que, conquanto de modo diferente, os regimes de capitalização sofreriam também os efeitos (negativos) das tendências demográficas actuais. Como nos diz, a propósito, FLOCHEL (1995), «la démographie n´est pas souvent citée comme facteur influent du fonctionnement d´un fonds de pension; certains estiment même que la démographie n´a pas d´importance dans un régime par capitalisation, puisque chacun se constitue un capital pour lui-même. C´est une erreur grave. *La démographie est essentielle dans un système de capitalisation collective, même si elle joue de manière complexe*» (p. 48). De qualquer forma, para o mesmo autor <u>o que caracteriza a demografia</u>

num regime de capitalização é a demografia dos contribuintes e, muito particularmente, a "demografia da empresa", ou seja, a antiguidade do trabalhador numa determinada empresa (ou sector de actividade, se for o caso). E é daqui que advém, justamente, a sua complexidade.

Considerando o que qualifica como regimes *proporcionais no tempo* (aqueles em que os direitos dos trabalhadores activos crescem de forma proporcional no tempo), podem existir duas modalidades de cálculo dos direitos. De acordo com a primeira modalidade, os direitos são calculados a partir da data da criação do regime, sem se atender à antiguidade do trabalhador na empresa. Neste caso, a "demografia da empresa" tem pouca influência sobre as taxas de contribuição dos trabalhadores e da respectiva entidade empregadora. Os direitos daqueles são calculados a partir do ano da criação do regime e serão iguais para os trabalhadores, qualquer que seja a sua antiguidade na empresa. Na segunda modalidade, pelo contrário, os direitos são calculados considerando essa antiguidade na empresa, qualquer que seja a data de criação do regime. Aqui, se a empresa tiver, à data da criação do regime, um número significativo de trabalhadores em idade avançada, então ela será confrontada, nos dez ou quinze primeiros anos de funcionamento do mesmo, com a necessidade de pagamentos de prémios muito elevados (sob pena de desequilíbrio) para fazer face aos pedidos de reforma que entretanto tais trabalhadores comecem a fazer. Ou seja, os prémios serão então superiores aos que irão ser exigidos quando o regime entrar na sua "idade adulta". O sistema só encontrará o seu equilíbrio no momento em que a antiguidade na empresa e a vetustez do regime se aproximem. E no final, com efeito, a maturidade deste tenderá a ser superior à antiguidade na empresa, mesmo para os trabalhadores que beneficiem de uma carreira muito longa na empresa.

A abordagem de Flochel é restritiva. Fica confinada à influência da antiguidade do trabalhador numa empresa, perante a maturidade do regime de capitalização. Ora, importa ir mais além e considerar, em termos gerais, a influência da demografia, do envelhecimento da população sobre as exigências de financiamento dos regimes de capitalização. Neste plano mais vasto, essa influência resulta inequívoca: regimes baseados numa técnica de seguro, apoiados numa gestão actuarial que tem, como dados de *input*, justamente os elementos demográficos e, como instrumentos técnicos principais, as tábuas de mortalidade, não podem ignorar, no apuramento do esforço financeiro exigível a todos e a cada um seus dos contribuintes, as alterações na demografia. Disso depende a qualificação do risco, como *bom* ou *mau*; e a velhice, risco hoje *muito* provável e *por muito tempo*, apresenta, na capitalização como na repartição, um custo técnico crescente.

Entre nós, Amaral (2007) defende mesmo ser «um erro dizer os regimes de repartição vão entrar em falência e que os únicos que poderão sobreviver serão os de capitalização. Não é verdade. Se não houver condições para a sustentabilidade de um regime de repartição também não haverá para um regime de capitalização». O que diverge nestes dois sistemas é o tipo de sacrifícios que se exige às gerações activas em caso de insustentabilidade: mais impostos (sistema de repartição) ou mais poupança (sistema de capitalização). Aliás, este autor vai mais longe e defende que o sistema de repartição é preferível. Pelas seguintes razões. Em primeiro lugar, é mais seguro para os idosos. Estes, num regime de capitalização podem ser facilmente surpreendidos com quebras de rendimento devido à perda de rendibilidade de fundos de pensões numa idade em que já não têm capacidade de reagir a essas perdas tentando obter novas fontes de rendimento. Em segundo lugar, o sistema de repartição é mais transparente no sentido que é mais evidente a forma como reparte os sacrifícios pelas diversas gerações, podendo assim introduzir critérios de equidade nessa repartição nos ajustamentos que vão sendo necessários. Em terceiro lugar, do ponto de vista macroeconómico, um sistema de repartição pode funcionar como um estabilizador automático enquanto o regime de capitalização é pró-cíclico. Em quarto lugar, um sistema de repartição, em geral, assegurará uma menor desigualdade entre as pensões do que um sistema de capitalização, pelo menos de capitalização privada, pois os indivíduos de maiores rendimentos terão mais facilidade em escolher aplicações mais rentáveis. Finalmente, um regime de repartição não cria externalidades negativas a nível da economia mundial, enquanto que, quando um país adopta um regime de capitalização contribui para aumentar a especulação financeira mundial, destabilizando o crescimento económico e ocasionando porventura perdas na taxa de crescimento da economia mundial (*ibidem*).

A segunda alteração paradigmática prendeu-se com o seguinte movimento:
— Passagem da exacerbação das *reformas sistémicas na segurança social,* implicando a substituição (total ou parcial) do sistema público de repartição pelo sistema privado de capitalização;
— À aceitação de *reformas paramétricas* no sistema de repartição. Estas alterações dão-se pois nos principais parâmetros de funcionamento do sistema de repartição, seja do lado contributivo, seja do lado prestacional, não implicando todavia a sua substituição pelo sistema de capitalização.
Vejamos.

A década de noventa passada foi muito marcada pela contraposição maniqueísta e ideologicamente comprometida entre o "mau" sistema, o de repartição, e o "bom", o de capitalização, e à defesa, por conseguinte, da substituição daquele por este (ou, pelo menos, ao seu fortalecimento em termos absolutos e relativos). A única forma de garantir a sustentabilidade futura da Segurança Social passava pela adopção de sistemas "multi-pilar" ("*multi-pilar systems*") (a partir da influência do importante relatório do Banco Mundial de 1994), ou seja, de sistemas de segurança social marcados pela compressão do primeiro pilar (o sistema público de repartição), em virtude da criação e/ou expansão do segundo pilar (a segunda pensão obrigatória, não pública, gerida em regime de capitalização) e do terceiro pilar (os regimes facultativos). Falar então em reforma da Segurança Social significava pois mudar-lhe a estrutura: significava falar em *privatização tendencial e progressiva da Segurança Social*[111].

Posta em crise a ideia de que os regimes assentes na capitalização seriam de alguma forma imunes aos efeitos do envelhecimento demográfico, afigura-se-nos que o novo século começou marcado pela ideia de que, mantendo a essência do sistema de repartição, é possível introduzir-lhe algumas mudanças que o adaptem melhor às alterações dos dados demográficos[112]. Tais alterações paramétricas podem ocorrer:

---

[111] Neste sentido, Marques (2006). Segundo o autor, «o enfraquecimento do sistema público de repartição esteve articulado, de um modo directo ou indirecto, com o maior papel dos dispositivos de capitalização. De um modo directo, através da promoção de instrumentos de capitalização. De um modo indirecto, na medida em que a redução da taxa de substituição das pensões públicas em regime de repartição incentiva a procura de instrumentos alternativos para compensar ou mitigar as perdas verificadas» (p. 96). Assim, apesar das resistências sociais ao desenvolvimento de produtos de mercado (como os fundos de pensões e os planos de poupança reforma), com carácter substitutivo dos regimes de repartição, houve alguma liberalização e, em certos casos, procedeu-se à combinação entre a repartição e a capitalização. Assim sucedeu no Reino Unido, na Suécia e na Alemanha.

[112] Ainda que, para diversos economistas, isso mesmo possa não vir a ser suficiente (veja-se entre nós o importante estudo de Rodrigues e Pereira, 2007).

— Do lado do financiamento/contributivo: novas fontes de financiamento e alargamento da base de incidência contributiva; aproximação dos regimes contributivo da função pública e da segurança social; aproximação dos regimes contributivos dos trabalhadores independentes e dependentes; etc..

— Do lado prestacional: novas regras de cálculo das pensões que incentivem o prolongamento da idade de reforma e penalizem a antecipação; adaptação do cálculo das pensões à evolução da esperança média de vida (v.g. o factor de sustentabilidade introduzido recentemente entre nós); alterações no acesso à pensão (v.g. alargamento do prazo de garantia e aumento da densidade contributiva).

— Do lado contributivo/prestacional: aumento da idade de acesso à pensão de velhice.

Esta afirmação, a *necessidade de reformar os sistemas públicos de repartição*, está associada à terceira alteração de paradigma. A década de noventa ficou marcada pela crença e pelo postulado de que o sistema de segurança social seria reformador se conseguisse responder ao problema do envelhecimento demográfico e, em simultâneo, garantir a regulação do desemprego, num quadro económico marcado pelo fraco ou nulo crescimento. Isso passou, desde logo, pela utilização excessiva das *pensões antecipadas*. Com efeito, a nível europeu, as preocupações no plano social, em face do agravamento das taxas de desemprego, ficaram então marcadas pelo triplo objectivo "crescimento, competitividade e emprego", culminando na elaboração, primeiro, do *Livro Verde sobre a Política Social Europeia – Opções para a União* (1993) e, depois, dos *Livros Brancos sobre Crescimento, Competitividade e Emprego* (1993) e *sobre a Política Social Europeia – Como avançar na União* (1994). No quadro de uma adequada articulação entre a regulação do mercado de trabalho e a implementação

das políticas de emprego e de protecção social estabeleceu-se, no referido *Livro Verde*, como uma das medidas prioritárias, a afirmação de «sistemas de reforma mais flexíveis que permitam uma maior liberdade de escolha entre reforma antecipada para aqueles que o desejem e o trabalho a tempo parcial ou actividade benévola para aqueles que pretendem manter-se activos e, em termos mais gerais, políticas que promovam a integração social das pessoas idosas» (p. 45). Já no *Livro Branco sobre a Política Social Europeia* se reiterava a necessidade de implementação de «mecanismos de reforma flexíveis, que permitam combinar rendimentos de uma pensão e rendimentos provenientes de trabalho a tempo parcial». De qualquer forma, não ignorava já a Comissão Europeia, perante o fenómeno do envelhecimento da população, a necessidade de, a nível nacional, os Estados promoverem medidas de sentido inverso, isto é, no sentido do aumento gradual da idade da reforma. Ainda assim, como foi reconhecido pouco tempo depois pela própria Comissão (1995), «apesar de a tónica das políticas ter mudado, a tendência para a reforma antecipada, em vez de diminuir no início dos anos 90, aumentou, fundamentalmente devido à recessão económica, que foi acompanhada por despedimentos em larga escala e pela falta de oportunidades alternativas de emprego para os que perdiam os seus postos de trabalho» (p. 15) (sublinhado nosso). Centeno (2006) aponta e concretiza os factores que terão concorrido, nessa altura, para a institucionalização do "direito" à reforma antecipada. Os seguintes:
  a) Em primeiro lugar, a ideia do lazer como um direito adquirido após um período de permanência em actividade económica, justamente reclamado pelos trabalhadores;
  b) Em segundo lugar, a percepção de que tal "direito" funcionaria como mecanismo de socialização dos custos de reestruturação empresarial, transferindo para a segurança social os custos associados à qualificação e requalificação

dos trabalhadores mais velhos, alterando as prioridades de dispensa dos trabalhadores e contornando a rigidez da legislação laboral;

c) Em último lugar, uma orientação "contabilística" das políticas activas de emprego, desde à década de oitenta até à de noventa, segundo a qual a resolução do problema do desemprego nas camadas mais jovens da população (consideradas mais produtivas e menos onerosas para as empresas), implicaria a libertação dos postos de trabalho até aí ocupados pelos mais velhos (menos produtivos e, ainda assim, de custo mais elevado).

A segurança social assumiu assim a função de regulação laboral, desde logo nos países cujos mercados de trabalho eram de maior rigidez, e a função de indemnização ou de amparo financeiro dos trabalhadores, substituindo-se às empresas, designadamente nos países marcados por maior flexibilidade laboral. Ora, os custos que daqui resultaram para a segurança social contribuíram para fazer perigar a sua, já difícil, sustentabilidade.

A percepção destes efeitos financeiros (resultantes da diminuição de contribuições obtidas com os trabalhadores precocemente reformados, mas também do aumento da despesa com o pagamento das respectivas pensões antecipadas) e o reconhecimento de que o recurso massivo a este expediente padeceu de eficácia (não se confirmando a renovação geracional nos mesmos postos de trabalho) levaram à pronta inflexão no rumo seguido[113]. Simultaneamente, muito por força da análise mais

---

[113] Como aliás foi reconhecido pela Comissão das Comunidades Europeias (2000), no seu *Relatório sobre a Protecção Social na Europa 1999*, onde se dava conta da seguinte necessidade: «Inverter a tendência para a reforma antecipada entre os homens e aumentar o número de mulheres mais velhas economicamente activas terá de constituir um dos aspectos

recente (no campo da Sociologia, da Gerontologia Social, etc.), a questão do envelhecimento demográfico passa a ser considerada na sua complexidade, de uma forma integrada, que não se compadece já com a perspectiva tradicional e simplista de protecção social *passiva*, assente na subsidiação do idoso beneficiário. Subjacente parece ter estado outra mudança: passa-se da consideração do idoso como sujeito improdutivo e dispensável (designadamente no mercado de trabalho) à sua reabilitação, reconhecendo-se a mais valia da sua experiência e do seu saber e, acima de tudo, relativizando-se o conceito de velhice, numa época em que se vive cada vez mais durante mais tempo, com melhores condições e qualidade de vida, numa época em que se faz perdurar assim, por tempo maior, as capacidades produtivas dos trabalhadores.

A este propósito, assinalamos o estudo de QUARESMA (2006), em cujo resumo podemos encontrar as seguintes afirmações: «Uma aproximação às condições de vida da população acima dos 50 anos (activa e não activa), considerando o envelhecimento do envelhecimento, põe em evidência os desafios que enfrentamos não só no domínio do sistema de segurança social, como, globalmente, na organização social e na estruturação de respostas às expectativas e necessidades de uma população adulta cuja esperança de vida aumenta de forma constante e consistente. Novas e acrescidas potencialidades e oportunidades de acesso a

---

nucleares de qualquer política cujo objectivo seja aliviar a pressão exercida sobre os sistemas de protecção social». E logo de seguida acrescentava: «Há muita gente que se encontra igualmente numa situação de desemprego de longa duração, frequentemente seguida de uma reforma antecipada (...). A elevada taxa de desemprego de longa duração constitui uma das principais fontes de pressão que se exerce sobre os sistemas de protecção social em toda a União, estando também na origem da exclusão social» (p. 12).

melhores condições de existência conduzem a maiores exigências e expectativas de qualidade de vida, ao mesmo tempo que este ambiente de novas oportunidades e de grandes transformações é portador de riscos. Nesta perspectiva, e tendo como referências as recomendações internacionais neste domínio, bem como as experiências de outros países, as dimensões analíticas apontadas no presente Estudo valorizam, por um lado, a identificação de instrumentos de intervenção em matéria de apoios aos idosos, tanto na esfera do rendimento (protecção social), como na das condições de vida (habitat e saúde) e, por outro lado, fundamentam a necessidade das intervenções em matéria de emprego e formação profissional, tanto ao nível macro – gestão do envelhecimento activo – como na da qualificação dos recursos humanos das instituições prestadoras de serviços gerontológicos ......» (p. 179).

Desta última frase, retiramos o princípio fundamental que hoje subjaz às iniciativas de reforma dos sistemas de segurança social: o princípio do *envelhecimento activo*. É aliás curioso notar como, em tão curto espaço de tempo, se passou, nos países europeus (incluindo Portugal), da exacerbação do recurso às pensões antecipadas, à consagração da ideia, completamente contrária, do envelhecimento activo da população, como resposta necessária aos problemas financeiros, sociais e económicos, da segurança social.

O primeiro exemplo desta alteração de fundo foi dado com a apresentação do *Livro Verde* da Comissão (2005), *Uma nova solidariedade ente gerações face às mutações demográficas*, onde se assume, de forma inequívoca, esta nova nota dominante na configuração dos sistemas de protecção social europeus. Como refere NEVES (2006), «a necessidade de "re-calibrar" os modelos de protecção social (...) pressupõe, antes de mais, um investimento ambicioso nos objectivos da Estratégia de Lisboa, designadamente no campo da criação e renovação do emprego, encetando um novo ciclo que favoreça a integração plena e qualificante dos jovens na vida activa, promova a adaptabilidade das empresas e dos activos empregados (sustentada pela aprendizagem ao longo da vida) e <u>estimule o envelhecimento activo, corrigindo a deriva para a socialização de custos ligada à saída precoce do mercado de trabalho, contrária ao interesse geral</u>» (p. 3) (sublinhado nosso).

O problema que está aqui subjacente é, de novo e sempre, o problema demográfico. A Comissão das Comunidades Europeias começa ali por reiterar que as recentes mutações demográficas ficam a dever-se a três grandes tendências: *i)* O contínuo prolongamento da vida; *ii)* O aumento dos efectivos nas gerações com idades superiores a 60 anos prosseguirá até 2030, altura em que as crianças do *"baby boom"* se tornarão seniores; *iii)* Uma baixa taxa de natalidade persistente. Em consequência, a sociedade vai assistir a alterações importantes de estrutura: os agregados familiares evoluem; há mais trabalhadores mais velhos (55-64 anos de idade), seniores (65-79) e muito idosos (+80), menos crianças, jovens e adultos em idade activa[114].

O segundo exemplo, ainda mais recente, consistiu no lançamento, em Julho de 2010, do debate público em torno do

---

[114] A propósito da situação portuguesa, assinalamos ainda o estudo de Magalhães (2006), de onde resultam como principais conclusões as seguintes. As tendências de evolução são similares às que decorrem dos valores projectados para o conjunto da UE 25, para o período de 2000-2050. Assim: *i)* Ligeiro aumento populacional no início do período projectado, com o contributo dos fluxos migratórios esperados, seguindo-se-lhe uma tendência de redução; *ii)* Decréscimo da proporção da população com menos de 15 anos de idade; *iii)* Decréscimo da proporção da população em idade activa, com duas vertentes: a) Decréscimo da proporção nos grupos etários dos 15-24 anos, 25-39 anos e 40-54 anos; b) Aumento da proporção no grupo etário dos 55-64 anos; *iii)* Aumento da proporção da população idosa, particularmente acentuado no grupo etário dos 80 e mais anos de idade (p. 24).

Livro Verde da Comissão (2010) em torno da *adequação, sustentabilidade e segurança dos sistemas de pensões europeus*. Aqui, a Comissão vem submeter a apreciação, com especial evidência, as medidas que garantam o equilíbrio sustentável entre o tempo dispendido no trabalho e o tempo na reforma (pp. 9 ss.). Pode isto implicar não apenas a elevação, *tout court*, da idade normal de acesso à pensão (para os 67 ou até os 70 anos), pode implicar a flexibilidade no acesso à pensão, em função da dimensão da carreira contributiva (fazendo variar a idade, em função da idade de ingresso na vida activa) ou pode implicar a adopção de mecanismos que façam relevar a evolução da esperança média de vida no cálculo das pensões[115].

A União Europeia tem, depois, vindo a ilustrar e a demonstrar esta exigência de mutação paradigmática com a inevitabilidade do envelhecimento demográfico. Dá-lhe ênfase, designadamente no plano da suas repercussões sobre as finanças públicas e, por conseguinte, da pressão que daí advirá sobre a despesa pública, não só com a segurança social (*maxime* com as pensões de velhice), mas também com a saúde, os cuidados continuados, a educação e o emprego (sustentabilidade de longo prazo das finanças públicas). Esta preocupação esteve presente no relatório elaborado pelo *Grupo de Trabalho sobre o Envelhecimento* (GTE) do Comité de Política Económica da Comissão Europeia (2006)[116].

Os resultados constantes das projecções de longo prazo aqui feitas no primeiro dos relatórios (e reforçadas pelo segundo) não são optimistas; para além disso, não se avalia – como é aliás

---

[115] Como veremos de seguida, foi esta a solução, adoptada, por ora, na legislação portuguesa em matéria de pensões.

[116] Relatório idêntico voltou a ser produzido em 2009, acentuando-se o sentido das projecções feitas em 2006.

expressamente reconhecido no relatório – o impacto de reformas estruturais e outras que os países venham a adoptar nos respectivos sistemas de protecção social (*maxime* nos sistemas de pensões). A partir de estimativas de evolução de um conjunto de variáveis críticas, como sejam a evolução demográfica e a evolução do mercado de trabalho, aponta-se como resultados fundamentais em matéria de finanças públicas os seguintes:
- Para o conjunto da UE dos 15 e da Euro Área, a despesa pública relacionada com o envelhecimento (pensões, cuidados de saúde e cuidados continuados, emprego e educação) crescerá cerca de 4 pontos percentuais entre 2004 e 2050;
- Para a UE dos 10, projecta-se um aumento dessa despesa na ordem apenas dos 1,5 pontos percentuais. Isto fica a dever-se sobretudo ao impacto de da despesa verificada na Polónia e que se repercutirá nos restantes "novos" Estados membros. Não fora isso, e tal despesa aumentaria cerca de 5 pontos percentuais;
- A maior do crescimento esperado centrar-se-á na despesa com pensões, cuidados de saúde e cuidados continuados de longo prazo;
- A maior repercussão sobre os Orçamentos far-se-á sentir entre 2020 e 2040.[117]

No que diz respeito, em particular, à despesa com as pensões de velhice, o relatório reitera estas mesmas conclusões. Assim:
- As projecções mostram diferentes perspectivas no gasto com pensões, no período compreendido entre 2004 e 2050, que vão desde a diminuição da despesa do PIB de 5,9 pontos percentuais na Polónia até a um aumento de 9,7 em Portugal e 12,9 no Chipre;

---

[117] *Ob. Cit.*, p. 10.

- Na UE dos 15, a despesa com pensões crescerá em todos os países na ordem dos 2,3 pontos percentuais do PIB, excepto na Áustria, mercê das reformas já aqui implementadas;
- As maiores subidas, na UE dos 15, verificar-se-ão em Portugal (com um aumento de 9,7 de pontos percentuais do PIB), Luxemburgo (aumento de 7,4) e em Espanha (aumento de 7,1).[118]

Seguidamente, são apontados os factores que determinam esta variação na despesa com pensões. São eles:

a) O *efeito de dependência* que mede as alterações no rácio de dependência ao longo do período de projecção, ou seja, do rácio de pessoas com 65 anos ou mais relativamente à população de 15 a 64 anos;

b) O *efeito de emprego* que mede as alterações no número de pessoas com idade compreendida entre os 15 e os 64 anos relativamente ao número de pessoas empregadas, ou seja, uma taxa *invertida* de emprego;

c) O *efeito de elegibilidade* que mede as alterações no número de pensionistas em face da população com 65 e mais anos de idade;

d) O *efeito de benefício* que apreende as alterações no montante médio das pensões relativamente ao *output* por cada pessoa empregada e que é justificado pelas alterações institucionais adoptadas nos sistemas de pensões (v.g substituição de esquemas públicos baseados na repartição por regimes privados assentes na capitalização). Ela não se confunde, no entanto, com a *taxa de substituição das pensões* em face dos rendimentos perdidos.

---

[118] *Idem,* pp. 71 e 72.

Estes factores dão origem, depois, à equação seguinte:

$$\frac{DespPens}{PIB} = \frac{Pop \geq 65}{Pop\ (15\text{-}64)} \times \frac{Pop\ (15\text{-}64)}{Empreg\ N} \times \frac{PensN}{Pop \geq 65} \times \frac{DespPens/PensN}{PIB/Empreg\ N}[119]$$

Para chegar, enfim, às seguintes conclusões principais:
- Considerando que o rácio de dependência é o principal factor determinante para os aumentos na despesa com pensões, a evolução ao longo do tempo espelha também tal influência. O rácio de dependência terá o seu maior impacto no período de 2015-2030, sobretudo nos países da UE dos 15, enquanto na UE dos 10 esse impacto dilui-se mais ao longo do tempo;
- A taxa de emprego e a taxa de elegibilidade terá o seu maior impacto logo no início do período sob projecção (2005-2015);
- A diminuição do rácio de benefício far-se-á sentir de forma mais suave ao longo do período de projecção em resultado da maturação das mudanças já concretizadas em certos países, de substituição de esquemas públicos por regimes privados.[120]

Em face destes dados, Portugal encontrava-se, há não muito tempo, numa situação relativa menos favorável do que a dos restantes Estados membros, quer no tocante à evolução do respectivo rácio de dependência, quer quanto à estimativa de evolução da despesa pública com pensões[121]. Por isso, as alterações recentes ocorridas no sistema de pensões português, ao mesmo tempo que procuraram contribuir para inverter esta tendência[122], inserem-se claramente na nova orientação paradig-

---

[119] *Idem*, p. 82.
[120] *Ibidem*, p. 88.
[121] Isso mesmo assinalado também pela OCDE, em 2004.
[122] O que parece, em parte, ter sido alcançado. Assim o reconheceu, desde logo, a OCDE (2008) e agora também a Comissão Europeia (2010).

mática atrás referida, a da promoção do envelhecimento activo. Das medidas já adoptadas, evidenciamos as seguintes mudanças:
 a) Penalização e limitação acrescidas no acesso às pensões antecipadas e incentivo ao prolongamento da idade de acesso à pensão de velhice.
 b) Aplicação de um factor de sustentabilidade na determinação do valor das pensões de velhice.

Com efeito e no que diz respeito à primeira medida, o Decreto-Lei n.º 187/2007, de 10 de Maio, que estabelece o novo regime jurídico da protecção social na invalidez e na velhice, veio alterar de forma significativa o *regime da flexibilidade de acesso à pensão de velhice*, quer relativamente às situações de antecipação, quer quanto às situações de prolongamento da idade de reforma. As pensões antecipadas são agora objecto de penalização acrescida: contra o anterior factor de penalização[123], de 4,5% por cada ano de antecipação, que comprovadamente não garantiu a neutralidade financeira e actuarial, prevê-se agora um novo factor de redução de 0,5% por cada mês de antecipação em face da idade normal de acesso à pensão (correspondendo *grosso modo* a uma penalização anual de 6%)[124] [125]. Diver-

---

No documento da OCDE mencionado, refere-se o seguinte: «The pension reforms are expected to make pensions sustainable over time. The post-reform expenditure is projected to be unchanged by 2010, but by 2020 expenditures will have been reduced by 1.5% of GDP and, by 2050, by 4.8% of GDP. The overall impact of these reforms will be to reduce pension expenditure from an estimated 20.8% of GDP to 16% by 2050» (p. 26).

[123] Constante do Decreto-Lei n.º 329/93, de 25 de Setembro, na redacção dada pelos Decretos-Lei n.º 9/99, de 8 de Janeiro e n.º 437/999, de 29 de Outubro.

[124] Importa, aliás, fazer notar que não foi apenas a antecipação no quadro do regime da flexibilidade da idade de acesso à pensão que mereceu alteração recente, neste sentido limitativo. Também no quadro do regime

da protecção no desemprego, a transição e o acesso do desemprego de longa duração para uma situação de antecipação da reforma são agora mais condicionados, mormente quanto ao factor idade. Assim, nos termos do artigo 57.º do Decreto-Lei n.º 220/2006, de 3 de Novembro (regime de protecção social no desemprego), podem aceder à pensão por velhice – sem penalização – os beneficiários que tenham completado 62 anos de idade e tivessem, à data do desemprego, pelo menos 57 anos de idade (contra a regra anterior, constante do artigo 44.º do Decreto-Lei n.º 119/99, de 14 de Abril, que previa o acesso sem penalização aos 60 anos de idade e desde que o beneficiário estivesse no desemprego desde, pelo menos, os 55 anos de idade). Podem ainda aceder à pensão antecipada por velhice – ainda que com penalização – os beneficiários que completem 57 anos de idade, desde que à data do desemprego perfizessem 52 anos de idade e tivessem, pelo menos, 22 anos civis com registo de remunerações (contra a regra anterior que previa a antecipação aos 55 anos de idade, desde que na data do desemprego, o beneficiário tivesse 50 anos de idade e, pelo menos, 20 anos civis com registo de remunerações).

[125] Convém, a propósito, chamar a atenção para o facto de os regimes de antecipação da idade de pensão de velhice serem diferentes, tendo desde logo em conta os seus diferentes fundamentos. Dos regimes existentes em Portugal, assinalaríamos, com base no *critério do destinatário*, dois grandes grupos. A) Em primeiro lugar, os regimes *colectivos* de antecipação da idade de pensão (e que por isso, para alguns autores – o caso de Gonzalez Ortega, em 1987 –, nem sequer configuram pensões antecipadas no sentido próprio do termo) que abrangem as situações de acesso à pensão antecipada por parte de um grupo de trabalhadores, por efeito da verificação de um dos seguintes factores: *(i)* em virtude do exercício de actividade profissional, considerada de especial desgaste ou de desgaste rápido (v.g. mineiros que trabalhem no fundo das minas, pescadores, pilotos de aviação civil, controladores do tráfego aéreo, trabalhadores portuários, etc.); *(ii)* pelo exercício de actividade em profissões para as quais se exigem especiais requisitos, designadamente em matéria de idade (v.g. bailarinos profissionais e desportistas profissionais); ou *(iii)* por razões que se prendem com a obsolescência da empresa, do sector ou da função exercida que exijam, designadamente, a previsão legal e a aplicação de medidas de reestruturação ou de renconversão profissional ou empresarial (v.g. trabalhadores desempre-

samente, incentiva-se o prolongamento da idade de reforma, através de uma nova forma de concessão da bonificação, que passa a ser atribuída por cada mês efectivo de trabalho que tenha lugar após os 65 anos de idade, e de forma diferenciada em função da carreira contributiva do beneficiário (de 0,33% para carreiras de 15 a 24 anos até 1% para carreiras superiores a 40 anos[126]). Para além disso, introduzem-se mecanismos de bonificação da permanência no mercado de trabalho para os beneficiários que, podendo aceder à pensão de velhice sem qualquer penalização antes dos 65 anos (designadamente por terem carreiras contributivas muito longas), optem por continuar a trabalhar pelo menos até àquela idade (prevendo-se uma bonificação de

---

gados, abrangidos por processos de redução de efectivos ou processos de reestruturação, viabilização ou recuperação da empresa ou ainda quando esta se encontre numa situação económica difícil, nos termos e condições legalmente definidos). B) Em segundo lugar, os regimes *individuais* de antecipação da idade de pensão de velhice, no qual o acesso à antecipação resulta de uma opção individual do trabalhador, desde que preenchidos os requisitos de acesso legalmente previstos. Os regimes individuais, contrariamente aos regimes colectivos, devem ser, tendencialmente, *actuarial e financeiramente neutros*, ou seja, da antecipação não deverão resultar custos adicionais para o orçamento da Segurança Social. Entre nós, não foi isso que se verificou, pelo menos até à aprovação do Decreto-Lei n.º 187/2007. Constituem duas situações de antecipação a integrar nesta segunda as seguintes (em cima já referidas): *(i)* por um lado, as situações de antecipação no quadro do regime de flexibilidade da idade legal de pensão que se traduzem numa antecipação voluntária da idade de pensão, uma vez verificados os requisitos legais; *(ii)* por outro, as situações de antecipação individual em resultado de desemprego de longa duração, as quais, dependendo embora de uma opção livre do trabalhador em causa, são geralmente motivadas pela difícil, senão impossível, reintegração do trabalhador desempregado no mercado de trabalho, a partir de uma certa idade.

[126] Assim, no limite, estas últimas poderão beneficiar *grosso modo* de uma bonificação anual de 12%, contra a anterior bonificação que era sempre, em qualquer dos casos, de 10% ao ano.

0,65% pelo número de meses de permanência entre a data em que se poderiam reformar sem penalização e a data em que tal efectivamente ocorra).

A segunda medida integrada neste conjunto de novas preocupações – desde logo, pois, a adequação do sistema de segurança social aos novos condicionalismos demográficos – consistiu na previsão de um *factor de sustentabilidade*, aplicável no cálculo e determinação do montante da pensão (estatutária) de velhice. Previsto, desde logo do artigo 64.º da LBSS e concretizado no artigo 35.º do Decreto-Lei n.º 187/2007, o factor de sustentabilidade é aplicável às pensões iniciadas a partir de 1 de Janeiro de 2008, resultando do rácio entre a esperança de vida em 2006 e aquela que se vier a verificar no ano anterior ao do requerimento de pensão apresentado pelo beneficiário. O que se pretende, em face do aumento previsível da esperança média de vida nas próximas décadas, é imputar ao montante da pensão o efeito dessa evolução demográfica. Com estas novas regras, o valor da pensão será bastante mais indefinido do que o seria se o cálculo da pensão estatutária se fizesse apenas – como até aqui – com base nas regras de cálculo consagradas: *i.e.*, mediante a aplicação da taxa global de formação da pensão ao produto da remuneração de referência. Na verdade, o montante da pensão estatutária é agora o que resulta destas regras (primeiro passo), mas também da aplicação do factor de sustentabilidade (segundo passo) (cf. artigo 26.º do Decreto-Lei n.º 187/2007). Assim sendo, poder-se-á afirmar que o factor de sustentabilidade, para além de visar a adequação do sistema às alterações da demografia, reflectindo-as no valor da pensão[127], significa, acima de tudo,

---

[127] Confirmando-se o aumento da esperança média de vida, as pensões do futuro terão valor mais baixo do que o que resultaria se o seu valor fosse determinado apenas de acordo com as regras de cálculo identificadas no primeiro passo.

uma inflexão fundamental no nosso sistema público de pensões: de ora em diante, o valor da pensão já não é algo de calculável ou potencialmente definido; pelo contrário, a pensão do futuro, por virtude do factor de sustentabilidade (também ele variável em função da alteração da esperança média de vida), tenderá a ser cada vez mais um valor indefinido e instável. E a ser assim, afigura-se-nos que o sistema público de pensões pretende deixar, ele mesmo, de se assumir como *sistema de benefício definido (ou de prestação definida)*, para se assumir, cada vez mais – à semelhança, hoje, do que sucede com a generalidade dos regimes privados e complementares de pensões –, como um *sistema de contribuição definida*. O beneficiário, neste sistema, saberá, em cada momento, qual o valor da respectiva contribuição, mas, *ainda que desconfie*, desconhece *até ao fim* (ou seja, até ao momento da reforma) qual será o valor da sua pensão, pois que ela sempre dependerá, afinal, da evolução da demografia, variável crítica, porque, sendo previsível, é "volátil" e indefinida.

Confirmando-se, no entanto, a "expectativa" de que o factor de sustentabilidade terá um efeito penalizador no valor das pensões futuras (tanto maior quanto seja o hiato temporal a separar o ano de 2006 e o ano de requerimento da pensão), o legislador não deixou de prever possibilidades alternativas, que possam compensar ou neutralizar os efeitos do factor de sustentabilidade. Estas possibilidades são sobretudo duas: *i)* o beneficiário pode optar por trabalhar até mais tarde, deferindo o momento de acesso à pensão de velhice para data posterior àquela em que completaria os 65 anos de idade (fá-lo-á no quadro do regime, já visto, de flexibilidade da idade de acesso à pensão, pelo prolongamento da vida activa) ou; *ii)* pode contribuir mais durante a sua carreira contributiva (toda ou em parte dela). Neste segundo caso – aquele que nos interessa agora evidenciar –, haverá lugar, por parte dos trabalhadores abrangidos, a um esforço contributivo agravado, mediante o pagamento de uma nova taxa contributiva – o que a LBSS (no n.º 4 do artigo 57.º) denomina, de forma algo eufemística, de *adequação do esforço contributivo*. Desta forma, marca uma diferença de fundo relativamente à LBSS anterior: em detrimento do plafonamento e da criação de regimes complementares privados, opta pelo agravamento do esforço contributivo no seio do sistema previdencial público, o qual, assim, passa a integrar duas componentes, a componente previdencial-repartição e a componente previdencial-capitalização (individual). A concretização desta última tem lugar, por sua vez, no quadro do funcionamento do novo *regime público de capitalização*, previsto no artigo 82.º da LBSS (em conjugação com o mencionado artigo 57.º, n.º 2) e instituído pelo Decreto-Lei n.º 26/2008, de 22 de Fevereiro. É este regime que analisaremos no ponto seguinte, procurando designadamente evidenciar as implicações "contributivas" que o mesmo terá, quer do ponto de vista conceitual, quer do ponto de vista financeiro[128].

2.2.2. *Objectivos e caracterização do regime público de capitalização; a natureza da taxa contributiva*

O regime público de capitalização tem então como objectivo imediato o de diluir os efeitos da aplicação do factor de sustentabilidade no cálculo das pensões de velhice. Nesta medida, ele é um instrumento ao serviço do reforço da sustentabilidade do sistema (público) de segurança social. Mediatamente, ele pode ser entendido também como instrumento de poupança,

---

[128] O impacto desta reforma foi também avaliado pela OCDE, que assinalou ganhos de longo prazo no plano da sustentabilidade do sistema público de pensões, mas também perdas assinaláveis no plano das taxas de substituição das pensões (assim, OECD, 2007).

promovendo a responsabilidade individual dos cidadãos na gestão da sua carreira contributiva e exigindo a consciência de que o valor da sua pensão está cada vez mais dependente de factores de evolução nem sempre certa e determinada – designadamente, a esperança média de vida. Tratando-se de uma forma de complementaridade *vertical*[129], o regime público de capitalização constitui também um primeiro passo no sentido da transição de um sistema (público) de segurança social assente em exclusivo na técnica financeira da repartição, para um modelo misto de repartição e capitalização que, no futuro, poderá ainda evoluir para uma complementaridade *horizontal* (ou *"plafonamento"*).

Este regime, contrariamente ao que sucede no *sistema previdencial*, é um regime de adesão voluntária, de contribuição definida e assente na técnica da capitalização. Ele abrange os trabalhadores ou profissionais integrados num qualquer regime obrigatório de protecção social (incluindo portanto os funcionários e agentes do Estado, subscritores da Caixa Geral de Aposentações). O seu objectivo consiste em reforçar a protecção na velhice e na invalidez absoluta, pela atribuição de um complemento da pensão ou da aposentação que assumirá a forma de renda vitalícia[130] (cf. artigos 4.º e 5.º do Decreto-Lei n.º 26//2008). Para tanto, deve o contribuinte aderente proceder ao pagamento de uma contribuição mensal que é creditada numa conta individual aberta em seu nome. O saldo da conta individual será, em cada momento, o resultado da valorização ("capi-

---

[129] Recorde-se que o conceito de complementaridade *vertical* implica que uma parte da remuneração do trabalhador, qualquer que seja o seu valor, será desviada para um regime complementar gerido em capitalização.

[130] Em alternativa, pode o aderente/beneficiário optar, chegado o momento e reunidos os requisitos legais, pelo resgate do capital acumulado ou pela transferência do mesmo para um plano de complemento de filhos e de cônjuge.

talização") das unidades de participação que a integram, denominadas certificados de reforma. O pagamento das contribuições é efectuado ao fundo dos certificados de reforma, que é um património autónomo gerido pelo Instituto de Gestão dos Fundos de Capitalização da Segurança Social (IGFCSS), de acordo com um conjunto de regras e princípios, designadamente em matéria de liquidez, composição dos activos e política de investimento, constantes quer do Decreto-Lei em apreço, quer do respectivo regulamento de gestão[131]. Anualmente, o IGFCSS deve prestar aos contribuintes aderentes informação sobre a evolução e situação actual da conta individual, a taxa de rendibilidade anual do fundo, a forma e local onde se encontra disponível o relatório e contas anuais referentes ao fundo, bem como a composição do respectivo património (cf. n.º 1 do artigo 43.º).

Posto isto, interessa-nos agora sobretudo identificar as semelhanças e diferenças entre a taxa contributiva aplicável neste regime e a (já analisada) taxa contributiva global (TCG), paga pelos contribuintes no âmbito regime geral dos trabalhadores por conta de outrem do sistema previdencial. Trata-se agora de uma taxa de 2% ou 4%, por opção do contribuinte aderente, mas que pode ainda ser de 6% para aderentes com 50 ou mais anos de idade (cf. n.ᵒˢ 1 e 2 do artigo 12.º do Decreto-Lei n.º 26/2008).

---

[131] Ainda que se trate de um património autónomo, o legislador procura rodear de algumas garantias a preservação da responsabilidade (dominante e última) do Estado na gestão do mesmo. Fá-lo não apenas no n.º 1 do artigo 24.º quando determina que a entidade gestora é o IGFCSS que é um instituto público, mas sobretudo no n.º 3 do artigo 34.º, quando estipula que «a entidade gestora do fundo não pode ser extinta sem ter sido garantida a continuidade da gestão efectiva do fundo por outra entidade pública». O que não quer dizer, no entanto, que não possa haver lugar à contratualização da gestão, ainda que meramente parcial, com entidades gestoras do sector privado (cf. n.º 2 do artigo 24.º).

À semelhança da TCG, também esta é uma contribuição de taxa fixa que incide sobre as remunerações dos trabalhadores, sendo considerados os períodos de registo de remunerações por equivalência à entrada de contribuições no âmbito do sistema previdencial da segurança social (n.º 2 do artigo 11.º). A partir daqui, evidenciam-se as diferenças. Salientamos as seguintes:

a) O cálculo da base da incidência contributiva (BIC) é diferente: enquanto que a BIC da TCG é constituída pela remuneração registada, esta contribuição tem por referência a média dos valores que constituíram a base de incidência das contribuições para o sistema previdencial (ou para a Caixa Geral de Aposentações ou outro regime obrigatório de protecção), nos 12 meses que antecedem o segundo mês anterior à data de adesão;

b) Em casos pontuais e por um período transitório, a BIC pode ser aqui uma remuneração *convencional*, contrariamente ao que sucede com a BIC da contribuição social do regime geral dos trabalhadores por conta de outrem, que é sempre, como vimos antes, constituída pela remuneração *real*: de facto, nas situações em que o aderente não apresente remunerações pelo período de 12 meses *supra*, a BIC a considerar será a declarada pelo interessado no momento da adesão[132].

c) A afectação da contribuição é, diversamente do que sucede com a TCG, uma afectação *específica* e *actuarialmente definida*: há lugar nesta contribuição a uma verdadeira desagregação (em sentido técnico ou actuarial), pois que a mesma se destina a financiar uma certa e determinada prestação – a

---

[132] Isto sucederá essencialmente nas situações de adesão que ocorram a meio, por exemplo, de um determinado ano. Volvido um ano de permanência no regime, então será aplicável a regra geral da média dos 12 meses.

protecção social na velhice ou invalidez, através de um complemento da pensão de velhice ou de invalidez (absoluta). Por seu turno, a taxa respectiva é fixada em termos actuariais tendo em conta justamente o custo técnico da prestação a que se destina: o complemento de pensão que permita, nomeadamente, compensar a perda de valor da pensão atribuída pelo sistema previdencial em resultado da aplicação do factor de sustentabilidade (compensará integralmente em caso de opção pela taxa dos 4% e parcialmente apenas em caso de opção pela taxa de 2%).

d) Contrariamente ao que sucede com a TCG do regime geral dos trabalhadores por conta de outrem, esta contribuição é suportada apenas pelo trabalhador e já não também pela entidade empregadora.

e) As consequências do incumprimento são diferentes, não havendo lugar, como sucede no regime geral dos trabalhadores por conta de outrem, nem à cobrança coerciva, nem à aplicação de contra-ordenações pela violação de eventuais obrigações acessórias declarativas: aqui, a falta de pagamento da contribuição mensal determina (apenas) a não capitalização do respectivo montante em falta durante o período de incumprimento e a imputação na conta do aderente das despesas inerentes ao procedimento de regularização, bem como das despesas administrativas de manutenção da conta (cf. n.º 15.º do Decreto-Lei n.º 26/2008).

Pelo que antecede, poder-se-á afirmar, em suma, que a contribuição agora criada, contrariamente ao que poderia resultar de uma primeira leitura da LBSS (do artigo 82.º, em conjugação com o n.º 4 do artigo 57.º), não traduz sequer um adicional ou um prolongamento contributivo da TCG; ela é uma taxa nova e autónoma, com características muito díspares da TCG, que a aproximam claramente de um verdadeiro *prémio de seguro* individual, ainda que no âmbito de um regime público de capitalização. Enquanto reduto de salvaguarda da sustentabilidade financeira da segurança social, este regime (que recorde-se, nos termos da LBSS, figura no sistema complementar do sistema de segurança social português) pode ser visto, verdadeiramente, como a expressão de um *"previdencialismo público renovado e re--calibrado"*, muito mais do que o sistema de repartição que ostenta no nome «sistema previdencial» uma marca que hoje só tenuemente possui.

Aliás, esta aproximação da nova taxa contributiva ao universo dos prémios de seguro fica expressa também no respectivo tratamento fiscal, distante do que é dado à TCG, mas próximo do regime fiscal dos planos de poupança reforma (PPR), sendo estes últimos, como se sabe, instrumentos complementares individuais e facultativos de reforma por velhice, geridos pelo sector privado. Na verdade, o Orçamento do Estado para 2008 (aprovado pela Lei n.º 67-A/2007, de 31 de Dezembro), antecipando a implementação definitiva do regime público de capitalização a partir de 1 de Março de 2008, concretizou uma alteração ao Estatuto dos Benefícios Fiscais[133], aditando-lhe um novo artigo 14.º-A, com a seguinte redacção: «1 — São dedutíveis à colecta de IRS, nos termos e condições previstos no artigo 78.º do respectivo Código, 20% dos valores aplicados, por sujeito passivo não casado, ou por cada um dos cônjuges não separados judicialmente de pessoas e bens, em contas individuais geridas em regime público de capitalização, tendo como limite máximo € 350 por sujeito passivo. 2 — Às importâncias pagas no âmbito do regime público de capitalização é aplicável o regime previsto no Código do IRS para as rendas vitalícias».

---

[133] É o artigo 74.º da Lei do OE para 2008.

3. A via da integração do sistema (de cobrança) da segurança social no sistema (de cobrança) fiscal

3.1. *Modalidades de integração: soluções a nível internacional*

3.1.1. *Parâmetros e modalidades de integração*

No ponto que agora iniciamos, vamos evidenciar as propostas e as experiências, já concretizadas em alguns ordenamentos jurídicos, de integração do sistema de cobrança da segurança social no sistema de cobrança fiscal. A razão principal dessa integração começa por ser, sobretudo, de índole administrativa: aproveitando as similitudes evidentes que existem, nos planos conceitual e funcional, entre as contribuições para a segurança social e os impostos[134], procura-se uma maior simplificação e racionalização do processo de colecta dos tributos em causa, concentrando numa única entidade as funções inerentes a essa colecta. Tais funções são *i)* a incrição dos contribuintes (entidades empregadoras e trabalhadores), *ii)* a colecta propriamente dita, *iii)* a conformidade e fiscalização da inscrição e de modificações relevantes na situação contributiva dos contribuintes, *iv)* a manutenção de sistemas de registo da situação contributiva dos trabalhadores e *v)* a ligação com o sistema de pagamento de benefícios/prestações sociais (sobre o assunto, em sede geral, McGillivray, 1997 e Ross, 1997).

As opções, feitas pelos diferentes países, pela separação ou unificação dos sistemas de cobrança e, dentro destas, as opções por traços específicos e distintivos resultam, em nossa opinião, das diferenças verificadas nos seguintes níveis:

---

[134] Como antes tivemos oportunidade de assinalar.

A) <u>Primeiro nível</u> – *Estrutura e financiamento dos sistemas de segurança social subjacentes*: em função de saber se o sistema é total ou apenas parcialmente de gestão pública, se a respectiva gestão financeira se faz, em exclusivo, segundo o método financeiro da repartição ou conjugando, em maior ou menor dose, a técnica da capitalização (designadamente através de planos profissionais, complementares de pensões), se o financiamento da componente pública assenta exclusiva, maioritária ou minoritariamente em contribuições sociais (por contraposição às transferências do Estado e/ou impostos), se as contribuições são desagregadas no plano técnico e actuarial (e afectas, pois, cada qual, ao benefício a cujo financiamento se destina) ou se se trata de contribuições de valor global, para serem afectas à generalidade das prestações, imediatas e diferidas. As diferenças a este nível explicam que certos sistemas de segurança social sejam mais abertos ou mais resistentes a aceder a soluções de integração do sistema de cobrança da segurança social no sistema (de cobrança) fiscal.

B) <u>Segundo nível</u> – *Planos conceitual e operativo*: tratando-se aqui de saber se, no plano legislativo (e também nos planos doutrinário e jursiprudencial), as *contribuições sociais* são ou não *tradicionalmente* associadas ou reconduzidas ao "universo jus-tributário" ou até ao "universo fiscal". Haverá concerteza uma maior predisposição para aceitar soluções integradoras nos países onde essa recondução se vinha aceitando já, ao invés do que sucede nos países de forte raiz e tradição previdenciais, nos quais as contribuições insistem em ostentar a sua *marca seguradora* (ainda como verdadeiros prémios de seguro).

C) <u>Terceiro nível</u> – *Planos institucional e administrativo*: este plano é decisivo, considerando que a mudança de um modelo não integrador para a via da integração supõe uma adaptação, por vezes difícil e até violenta, das estruturas institucionais, organizativas e de funcionamento dos serviços da Administração envolvidos. Na verdade, a mudança do sistema de colecta dos tributos em apreço, envolve geralmente a diluição dos serviços ou organismos da Segurança Social, até aí encarregues da cobrança, na própria Administração fiscal, com implicações sérias nos planos organizativo, burocrático e funcional e com alterações profundas a nível dos procedimentos inerentes à colecta. A "máquina" administrativa responsável sofre mudanças internas radicais e isso significará uma alteração enorme na sua projecção externa, ou seja, no relacionamento ("externo") com os cidadãos-contribuintes. Tendo em conta as implicações dessa mudança e estando em causa, como está, uma actividade fundamental do Estado, o processo da reforma tem que ser então muito cauteloso e envolver estudo, reflexão, conhecimento e debate prévios muito aprofundados por parte de todos os "actores" nele envolvidos: membros do Governo responsáveis, dirigentes dos serviços, técnicos responsáveis[135]... Por tudo isto, facilmente se compreende que nem todas as administrações terão as mesmas condições para "receber" uma tal mudança. Se a integração dos serviços de colecta da segurança social na "máquina" fiscal pode ser relativamente simples, quando os serviços de ambos os lados já vinham seguindo procedimentos de colecta aproximados – desde *o princípio* (ou seja, desde a identificação e inscrição dos contribuintes) até *ao fim* (designadamente, até aos planos da cobrança coerciva, da execução fiscal e das responsabilidades contra-ordenacionais e criminais) – ou se já experimentavam

---

[135] Sobre as exigências atinentes à preparação e execução deste processo de reforma, leia-se Himes, Lubick e Holland (1997).

mecanismos intensivos de coordenação ou de cooperação, ela conhecerá, pelo contrário, bastante mais resistência e dificuldade, caso não existissem até aí quaisquer "vasos comunicantes" entre os dois sistemas de cobrança.

D) Quarto nível – *Planos "mental" e "cultural" (no modo como se concebe o sistema da Segurança Social na sua relação com o Estado)*: trata-se, ao fim e ao cabo, de saber se o sistema da Segurança Social, composto por receitas e despesas próprias e específicas, é visto – não apenas pelos trabalhadores, cidadãos-contribuintes, e seus representantes (sindicatos), mas também pelos funcionários e agentes que nele trabalham – como sendo um sistema *totalmente* autónomo, senão mesmo independente do Estado ou se o reconhecimento da sua natureza de sistema *público* significará, ademais, a viabilização pública de integração dele no Estado, no sistema fiscal do Estado.

Tendo em conta estes parâmetros, é possível considerar, junto com Ross (1997), Barrand, Ross e Harrison (2004), a existência de dois modelos opostos, ainda que depois possam, em cada caso, verificar-se *nuances* ou mitigações. O primeiro modelo, que podemos denominar de *modelo dualista* (ou "continental") é marcado pela existência de dois sistemas paralelos de cobrança de receitas: por um lado, o sistema de cobrança na segurança social, por outro lado, o sistema de cobrança fiscal. Este modelo é aplicado em França, na Alemanha e como sabemos também aqui em Portugal. O segundo modelo, que denominamos modelo *unitário* (ou "anglo-saxónico"), é caracterizado pela integração dos dois sistemas de cobrança, num único sistema. Em certos países, como os Estados Unidos e a Austrália, tal modelo prevaleceu desde sempre. Outros países – historicamente marcados pelo modelo *dualista* – têm vindo a transitar, por razões de maior racionalização e eficiência, para soluções integradoras:

o caso, por exemplo, da Itália, da Irlanda e sobretudo do Reino Unido e da Suécia. De igual modo, algumas das chamadas *economias de transição* parecem caminhar, nos anos mais recentes, para a consagração do modelo *unitário*: o caso da Estónia, da Hungria, da Letónia e da Eslovénia.

Tendo em conta ainda os mencionados parâmetros, podemos depois equacionar soluções diferentes, algumas mitigadoras, dentro de cada modelo.

Assim, o modelo *dualista* oscila entre uma solução de *dualismo puro* – herança da tradição previdencial, mas também paritária, de gestão do sistema de segurança social (o caso francês, ainda hoje) – e *soluções mitigadoras* no seio dos processos *duais* de cobrança fiscal e da segurança social. Assim, por exemplo:

   a) Logo na fase inicial do processo de cobrança, utilização de elementos comuns, designadamente no plano da identificação tributária: por exemplo, um mesmo número de identificação dos contribuintes e da respectiva situação ou estatuto sócio-laboral (trabalhador por conta de outrem, independente ou outro); por exemplo também, no tocante às empresas, utilização da mesma identificação tributária e da respectiva situação (constituição, alterações ou modificações relevantes, extinção e encerramento de actividade);

   b) Mantendo-se embora elementos de identificação próprios e distintos em cada sistema de colecta, reforço da cooperação entre as administrações fiscal e da segurança social e da troca de dados e de outras informações relevantes (aproveitando designadamente bases de dados constantes dos respectivos suportes informáticos). Esta troca de informações servirá, de resto também, para propósitos de fiscalização e de eventual aplicação de sanções;

   c) Já na fase final do processo de cobrança, utilização de um processo de execução tributário único e comum, quer no que diz respeito à aplicação das mesmas normas processuais, quer quanto à utilização de um só aparelho executivo, administrativo ou judiciário (secções de processo únicas).

d) De igual modo, o domínio contra-ordenacional e criminal pode ser integrado e regulado por uma só legislação e as sanções aplicadas pelas mesmas entidades (designadamente, pelos tribunais fiscais).

Por sua vez, no modelo *unitário*, podemos encontrar algumas variantes à solução pura de integração. Assim, por exemplo, em muitos dos países – a começar pelos Estados Unidos – que integram num só sistema a colecta fiscal e da segurança social, a importância de esquemas complementares privados de segurança social, geridos em regime de capitalização, leva a que uma grande parte das contribuições pagas pelos trabalhadores e (eventualmente) suas entidades empregadoras seja desviado para planos de pensões, segundo regras próprias e sob a responsabilidade de entidades gestoras diferentes.

Mas a distinção fundamental que podemos identificar neste modelo unitário é a que separa:

a) Em primeiro lugar, os sistemas que mantêm uma cisão clara entre o domínio tributário/contributivo e o domínio prestacional: aqui, a integração ocorre estritamente no plano contributivo, mas a atribuição dos benefícios ou prestações continua a ser feita por instituições próprias da Segurança Social, ao mesmo tempo que se mantém autónomas as regras de definição e atribuição de direitos e de cálculo das prestações;

b) Em segundo lugar, os sistemas que, além de procederem à integração no plano contributivo/tributário estrito, acabam por integrar no "esquema fiscal" também a atribuição dos benefícios ou prestações sociais: aqui, ao mesmo tempo que as instituições gestoras da segurança social ficam esvaziadas das suas funções tradicionais no domínio das prestações, são as próprias regras de atribuição de direitos e de cálculo das prestações que se diluem na legislação fiscal, *maxime* na legislação sobre a tributação do rendimento pessoal. Estas soluções − que normalmente assentam, como veremos a seguir, no mecanismo do *crédito de imposto* − constituem claramente as soluções mais extremas de integração (do sistema de cobrança) da segurança social no sistema fiscal.

3.1.2. *O exemplo extremo de integração: o mecanismo do imposto sobre o rendimento negativo*

Em bom rigor, poder-se-á assim considerar o *imposto sobre o rendimento negativo* (IRN) como a primeira e também a mais extremada experiência de integração do sistema de protecção social no sistema fiscal. O seu nome, como explica Moffit (2003, 2004), resulta da oposição ao imposto sobre o rendimento *positivo*, no qual o Estado reclama uma parte do rendimento dos cidadãos, sendo que o que é pago aumenta em função do rendimento. Pelo contrário, o IRN devolve dinheiro ao contribuinte, qual crédito fiscal reembolsável, e reduz os pagamentos de benefícios à medida que aumenta o rendimento. Através dele, o Estado garante um certo nível de benefícios − um pagamento fiscal "às avessas" −, mesmo quando o rendimento é igual a zero, diminuindo progressivamente tais benefícios à medida que o rendimento aumenta.

Importa, antes de mais, assinalar que o IRN tem sido tratado, quer no plano científico quer no plano político, ora como medida especialmente vocacionada para o combate à pobreza (designadamente, como medida destinada a substituir as ajudas *tradicionais* aos pobres, no âmbito da Assistência Social), ora como medida de simplificação do sistema de segurança social na sua relação com o sistema fiscal. Embora seja esta última vertente que nos interessará mais neste ponto e no seguinte, não podemos deixar de referir a importância que o IRN teve e tem no quadro da redefinição da política de combate à pobreza. O IRN aparece, na verdade, associado à identificação, sobretudo pelos autores do liberalismo económico (com destaque para Friedman e para os economistas da *Public Choice*), das ineficiências e ineficácias da política de Assistência Social, implementada, mormente nos Estados Unidos da América, até aos anos sessenta do século passado. Coube desde logo a FRIEDMAN (1962), chamar a atenção para o «logro do Sistema da Assistência Social», resultante quer do excesso de burocracia, quer de uma política de concessão de benefícios atentatória da liberdade individual de cada um (liberdade essa que se encontra, pelo contrário, na caridade privada). Como afirmam estes autores, «os burocratas gastam o dinheiro dos outros com os outros. Somente a benevolência humana, e não o mais forte e dependente estímulo do interesse próprio, pode assegurar que os mesmos gastem esse dinheiro da forma que melhor convier aos beneficiários. Daqui o desperdício e a ineficácia de gasto» (p. 165). A isto acresce a tentação de fazer reverter em proveito próprio os benefícios atribuídos através da Assistência Social, o que acarreta duas consequências nefastas: *i)* em primeiro lugar, surgem uma série de programas destinados a beneficiar estratos da população dotados de rendimentos médios e superiores, em vez de se destinarem apenas aos mais desfavorecidos; *ii)* em segundo lugar, muito por força dos custos associados ao aparelho burocrático e ao funcionamento do próprio sistema político, o ganho líquido da transferência com o apoio social aos beneficiários tende a ser inferior à soma global atribuída. Também a escola da *Public Choice* criticou o sistema vigente de apoios sociais aos pobres. A partir do "*dilema do bom samaritano*", Tullock (1984) identifica, como principais falhas da Assistência Social, não apenas os efeitos económicos da selecção adversa e do risco moral, mas sobretudo um problema de incentivo: as ajudas sociais aos pobres constituiriam o principal factor de desincentivo para o trabalho e à consolidação do espírito de "dependência do subsídio".

Coube então, de facto, a Milton Friedman, na obra citada, a defesa pioneira do IRN, em substituição das medidas tradicionais de combate à pobreza. O programa por ele preconizado assentaria em duas peças fundamentais: a primeira consistiria na reforma do sistema de segurança social vigente, substituindo-se os inúmeros e confusos programas de assistência social por um único e vasto programa de suplementos salariais em dinheiro – um imposto negativo ligado a um imposto de rendimentos positivo; a segunda peça consistiria em "libertar" a Segurança Social, no sentido de se reforçar a responsabilidade e a liberdade individuais de cada beneficiário na gestão financeira do sistema.

A partir do conceito fiscal de "margens pessoais", o autor sugeria que se o rendimento do beneficiário excedesse a sua margem pagaria uma taxa sobre tal excesso; se o rendimento ficasse abaixo da margem, o beneficiário receberia um subsídio em função do mesmo[136].

---

[136] Como explica Green (1967, referido por Moffit, 2004), o método das "margens pessoais" proposto por Friedman assenta nas isenções ou deduções não utilizadas por uma dada família, em sede de tributação sobre o rendimento. Uma vez que o domínio abrangido pelo IRN não incluiria nenhuma parte do domínio dos escalões de tributação positiva, a proposta assentaria em escalões de tributação negativa com taxas de imposto fixadas nos 50 por cento. Se as isenções e deduções fossem fixadas em valores próximos dos do limiar de pobreza, um INR com taxa de 50 por cento poderia assegurar um rendimento correspondente a 50 por cento do limiar de pobreza a cada unidade fiscal. Como acrescenta, depois, Kreps (1967), a proposta de Friedman consistiria em considerar uma taxa de 50 por cento sobre as isenções "não utilizadas" e sobre o valor mínimo de

Como assinala Moffit, no texto referido, para além de resolver o problema de incentivo ao trabalho, Friedman identificou cinco outras vantagens do IRN. Primeiro, ele daria ajuda às famílias pobres, com base apenas no respectivo rendimento e não com base em outras eventuais características (por exemplo, profissões ou actividades exercidas). Segundo, ele consistiria numa atribuição de dinheiro, considerada a forma mais eficaz de ajudar um determinado beneficiário. Terceiro, o IRN substituiria a imensidão de ajudas prestadas através de inúmeros programas sociais. Quarto, o IRN acarretaria uma poupança enorme em termos de custos administrativos e de diminuição do peso da burocracia associada à gestão dos programas de apoio social. Quinto, o IRN teria a vantagem de não implicar distorções nos preços de mercado, tal como sucede com os salários mínimos, tarifas e ajudas a agricultores, muitas vezes atribuídas com base em considerações meramente redistributivas.

Ainda assim, reconhece Friedman, a introdução do IRN não desconheceria dificuldades. Para que elas fossem ultrapassadas, importaria fazer aprovar um plano de transição, marcado pelas seguintes medidas: 1. Suprimir, de imediato, para futuro, os descontos para a Segurança Social; 2. Manter, relativamente aos beneficiários então abrangidos, o pagamento dos benefícios vigentes; 3. Salvaguardar os direitos adquiridos e em formação no tocante ao acesso à protecção na velhice relativamente aos beneficiários já abrangidos; 4. Pôr cobro a qualquer acumulação

---

deduções ("margens pessoais"). Se as isenções e as deduções de uma família composta por 5 elementos fosse de $3,700, e o seu rendimento fosse de $2,000, então as isenções e deduções não utilizadas teriam o valor de $1,700. Cinquenta por cento deste valor corresponderia a $850, pelo que o rendimento total da família em apreço seria de $2,850. O rendimento mínimo efectivo corresponderia neste caso a um pagamento máximo de $1,850 a uma família desprovida de qualquer outro rendimento.

posterior de benefícios; 4. Assegurar o pagamento dos benefícios referidos em 2. e 3. através dos impostos gerais do Estado ou da emissão de títulos de dívida pública.

Ainda que Friedman tenha procurado evidenciar as vantagens da introdução do IRN, não têm faltado vozes muito críticas desta medida, quer no plano da justiça social, quer até no plano da própria eficiência económica. Em relação ao primeiro plano, costuma apontar-se que o INR pressupõe uma determinado "*background*" ético que se traduz na rejeição clara do Estado "Providência-Redistribuidor" e dos princípios em que se funda, *maxime* dos princípios da igualdade de oportunidades e de resultados e do valor da solidariedade. Ele aparece muito associado a uma certa concepção minimalista ou assistencialista de protecção social, que procura romper com a tradição universalista beveridgeana e com outras propostas de garantia de rendimentos mínimos ou básicos, como é por exemplo o *Rendimento Básico Universal*, um rendimento que integrando também o sistema de segurança social e o sistema fiscal, garantisse contudo uma protecção básica a todos os cidadãos (a partir da proposta de Rhys Williams nos anos quarenta do século passado e desenvolvida décadas depois, nos anos noventa, por Van Parijs[137]).

---

[137] Sobre o assunto Davide (2008). Como nos esclarece este autor, o IRN e o Rendimento Básico Universal (RBU) traduzem, na verdade, duas formas distintas de conceber a acção do Estado e o desenvolvimento das suas políticas sociais. Designadamente, eles implicam efeitos muito distintos do ponto de vista redistributivo e da estrutura de incentivos. Por detrás destas consequências, estão duas teses distintas, no plano ético e normativo. O IRN assenta numa concepção negativa de liberdade (a liberdade enquanto ausência, "nozickiana", de restrições); o RBU uma afirmação positiva da liberdade (a liberdade – Rawls, de Dworkin e de Van Parijs – enquanto liberdade *real* ou liberdade de *acesso a oportunidades*). O conceito de liberdade real que encontramos especialmente em Van Parijs – acrescenta ainda

Não menos importante é a crítica que se faz ao IRN do ponto de vista da eficiência económica. Apontando-se que a proposta de Friedman comportaria efeitos negativos em matéria de oferta de trabalho[138]. Como explica Allen (2007), alguns economistas assinalaram que a atribuição aos trabalhadores pobres de um rendimento básico garantido, sempre que estes deixassem de trabalhar, reduzindo esse rendimento na proporção do aumento de rendimentos provenientes do trabalho, logo que voltassem a trabalhar, teria efeitos perversos do ponto de vista dos incentivos para o trabalho. Estimou-se que o IRN afectaria o esforço de trabalho em dois sentidos. Por um lado, ao atribuir a uma família sem qualquer tipo de proventos um rendimento básico garantido, o IRN poderia, no limite, pura e simplesmente, desencorajar os seus membros de trabalhar (efeito de rendimento). Por outro lado, ao reduzir os benefícios em 1 dólar por cada dólar a mais ganho com o trabalho, o IRN contribuiria

---

Davide – não respeita à liberdade de escolha entre um cabaz de bens que a pessoa queira consumir, mas sim a liberdade de escolher a forma de vida que a pessoa possa viver. Esta distinção, ainda que subtil, concede uma importância fundamental à ideia da "incondicionalidade da redistribuição". Van Parijs propõe, assim, uma transferência de rendimento incondicionado que seja consistente com a segurança e com a autodeterminação. Esta proposta (que pode conhecer diferentes denominações, "rendimento universal", "dividendo social", "rendimento de cidadania", etc.) é por ele denominada de "rendimento básico".Neste mesmo sentido, vai Catarino (2008), ao afirmar que o imposto sobre o rendimento negativo traduz-se no estabelecimento de um rendimento mínimo, até ao qual não há sujeição a imposto sobre o rendimento, como pode haver lugar a um crédito de impostos (negativo) que satisfaça a diferença entre o rendimento obtido e o mínimo de subsistência fixado. Trata-se portanto de um esquema mais restrito que opera dentro dos princípios sobre o rendimento em vigor, sendo devido apenas aos que possuam rendimentos inferiores ao mínimo estabelecido (p. 619).

[138] *Vide* ainda Moffit (2003), p. 124 ss., para mais desenvolvimentos.

para reduzir o valor líquido dos salários e induzir a substituição do trabalho pelo lazer (efeito de substituição).

Aliás, importa fazer notar, o desenvolvimento ulterior da política social (designadamente da política de protecção no desemprego) nos Estados Unidos, no Canadá, no Reino Unido, etc., com a implementação de sistemas de crédito de imposto (a que voltaremos), reacendeu o debate em torno da questão dos incentivos para o trabalho que um sistema fiscal, em estreita articulação com o sistema de protecção social, deve ser capaz de assegurar. A questão, suscitada recentemente por Frank (2006) é a de saber como a ajuda aos pobres (e especialmente aos desempregados pobres) pode ser aumentada sem que isso ponha em causa os incentivos para o trabalho[139]. Uma possibilidade é o desenvolvimento de emprego público em articulação com os pagamentos do IRN. Estão aqui em causa, sobretudo, formas diversificadas de trabalho "comunitário", tais como jardinagem, arranjo dos espaços públicos, remoção de "graffiti", limpeza, transporte e apoio aos idosos e portadores de deficiência, etc..

Mas, para além disto, esclarece ainda Allen (2007), as experiências de concretização do INR permitiram identificar também outros problemas, quer de natureza conceptual quer de índole administrativa. O primeiro problema prende-se com a dificuldade, senão impossibilidade, de conceber um IRN que, simultaneamente, *(i)* assegure um rendimento garantido tão generoso como os inúmeros subsídios e apoios monetários e em espécie já antes atribuídos aos beneficiários abrangidos; *(ii)* mantenha um incentivo evidente para o trabalho; *(iii)* restrinja a cobertura a uma proporção de beneficiários que o torne autogerível e autosustentável (o problema do ponto *"break-even"*)[140].

---

[139] Sobre esta matéria e outros efeitos económicos do desemprego e das políticas de protecção no desemprego, leia-se entre nós Antunes (2005).

[140] Ainda sobre as alegadas "falácias" do IRN, leia-se Hazlitt (2006).

O segundo problema prende-se com o facto de, nos Estados Unidos, existirem já, então, um conjunto muito significativo de ajudas, largamente superiores e mais vantajosas do que o IRN. Razões de ordem política e humanitária impediriam a sua eliminação. O terceiro conjunto de problemas é de ordem administrativa: em primeiro lugar, a dificuldade de definir o período de tributação relevante (nem sempre o período fiscal convencional fixado no ano pode coincidir com o período de concessão de benefícios que é habitualmente reportado ao mês[141]); em segundo lugar, as dificuldades em assegurar o cumprimento das obrigações declarativas pelos contribuintes e sua fiscalização.

Embora Friedman seja geralmente apontado como o primeiro autor a publicitar o IRN, outros houve a defender a sua implementação. Destes, destacam-se Lampman (1965), seguida por Tobin em 1967. A proposta de Lampman, explica Moffit (2004), foi uma proposta cautelosa que pretendia garantir a exequibilidade do INR. Para tanto, o rendimento garantido deveria ser fixado num nível razoavelmente baixo, de forma assegurar que a taxa do imposto também fosse relativamente diminuta e, assim, não contrariar os incentivos para o trabalho. Lampman reconheceu, por outro lado, que o INR deveria ser encarado como uma forma, entre outras, de redução da pobreza. Em 1968, Lampman desenvolveu a sua proposta inicial. Defendeu que a taxa do imposto deveria ser fixada de molde a maximizar a redução da *armadilha da pobreza* (*"poverty trap"*) por cada dólar de despesa e sugeriu uma taxa de cerca de 50 por cento. Defendeu ainda que o propósito do IRN não deveria ser substituir as prestações de bem-estar existentes – designadamente as prestações familiares (o *"Aid to Families with Dependent*

---

[141] Como veremos adiante esta é, aliás, uma dificuldade importante que se coloca na integração dos sistemas de segurança social nos sistemas fiscais.

Children – AFDC") – e sim garantir, fundamentalmente, a protecção a famílias compostas apenas por dois cônjuges ou por indivíduos singulares. Para além disto, Lampman defendeu que – como forma ainda de obviar à armadilha da pobreza – se distinguisse, no apoio a dar pelo IRN, entre beneficiários trabalhadores e não trabalhadores, dando-se menores garantias a estes últimos.

Esta é aliás uma das questões centrais relativas ao IRN e à dificuldade de ultrapassar o problema, antes assinalado, dos incentivos para o trabalho (e da própria armadilha da pobreza). É a questão, como refere ainda Moffit (2003) no estudo atrás citado, da exigência de prestação de trabalho como forma de garantir a manutenção da oferta de mão-de-obra. Esta matéria tem sido objecto de análise por parte dos economistas na área do emprego e do trabalho, através da consagração de um sistema de *"work requirement"*. Tal sistema divide a população em dois grupos de beneficiários, os que *podem* trabalhar e os que *não podem* trabalhar. A estes últimos é negada qualquer protecção social, se não demonstrarem interesse em trabalhar, sendo-lhes atribuídos benefícios suplementares apenas no caso de trabalharem um número mínimo de horas. Aos segundos é concedido um nível mínimo de rendimento garantido, variável eventualmente em função de presunções de capacidade remanescente, ou não, para o trabalho. Um tal sistema que, pelas suas implicações em termos de acréscimo de burocracia, está nos antípodas da proposta *simplificadora* e *desburocratizante* de M. Friedman, foi ainda objecto de crítica posterior, com base em três argumentos fundamentais: *i)* em primeiro lugar, aponta-se a dificuldade do Estado em separar aqueles que podem e não podem trabalhar; *ii)* em segundo lugar, o facto de tal sistema introduzir uma dose elevada e indesejável de discricionariedade na Administração, quando se trate de decidir quem é ou não capaz de trabalhar; *iii)* finalmente, o sistema induz comportamentos de manipulação por parte dos beneficiários: quem é capaz de trabalhar tudo fará para ser "catalogado" como incapaz.

Não obstante, explica ainda Moffit, encontram-se na literatura económica outros tantos argumentos favoráveis ao sistema de *"work requirement"*. Nomeadamente, em Akerlof (em 1978), para quem os verdadeiros necessitados de apoio em sede de INR poderiam e deveriam ser identificados, a partir de um conjunto de características mensuráveis e notórias, a que denominou de *"tagging* the poor". O parâmetro fundamental do modelo de Akerlof é a fracção dos verdadeiramente necessitados que podem ser como tal identificados, em função da exactidão de um mecanismo de escrutínio (*"screening mechanism"*). Mais tarde, outros autores, como Besley e Coase (em 1992 e 1995) desenvolveram outras propostas de implementação de mecanismos de identificação dos pobres no quadro do funcionamento do sistema IRN.

O outro autor que defendeu a implementação do IRN – ainda que com base em pressupostos filosóficos e ideológicos muito distintos dos de Friedman – foi James Tobin, em 1967. Também este, explica Kreps, no artigo aqui já mencionado, pretendia assegurar um rendimento garantido suficientemente alto que permitisse tirar as pessoas de uma situação de pobreza, através, ao mesmo tempo, de taxas do imposto suficientemente baixas, capazes de assegurar os incentivos para o trabalho. Por exemplo, se se tratasse de atribuir um rendimento garantido equivalente ao valor fixado do limiar da pobreza, equivalente a $3,000 para uma família composta por quatro pessoas, e se a taxa de imposto fosse de 50 por cento, uma família com um rendimento de $2,000 receberia $2,000 (ou seja, $3,000 menos 50 por cento do seu rendimento prévio), pelo que o seu rendimento total corresponderia a $4,000. Tobin assinalou ainda que se o que se pretende é que o rendimento garantido seja suficiente para sustentar uma família e ao mesmo tempo garantir os incentivos para o trabalho, então seria impossível evitar fazer pagamentos a famílias com rendimentos acima do limiar de pobreza (no exemplo dado, o *ponto crítico* seria o do rendimento de $6,000).

Como dissemos antes, o IRN aparece não apenas associado ao debate, nos planos técnico e político, sobre as políticas de combate à pobreza[142], mas também enquanto medida especialmente orientada para a simplificação do sistema de segurança social, na sua relação com o sistema fiscal. Neste sentido, o IRN, na sua forma pura e mais simples, constituiria, nas palavras de ALLEN «a mirror image of the regular tax system. Instead of tax liabilities varying positively with income according to a tax rate schedule, benefits would vary inversely with income according to a negative tax rate (or benefit-reduction) schedule». Ainda que a exequibilidade desta versão simples e pura do INR tenha sido posta em causa, desenvolvimentos posteriores da política social norte-americana (e não só) levaram, todavia, à concretização de versões mitigadas ou híbridas de tributação negativa. Nos Estados Unidos, o exemplo invocado é sempre o do *"Earned Income Credit"* (EIC), introduzido em 1975 na legislação fiscal pelo então Presidente do Comité de Finanças, Russel Long (sobre o assunto, Allen, texto citado). Considera-se que o EIC é uma versão híbrida do IRN, desde logo porque se trata de um mecanismo de créditos fiscais reembolsáveis (contrariamente à proposta simplificadora de Friedman)[143].

---

[142] Ainda sobre o significado político e ideológico das medidas, o INR e outras, de combate à pobreza e respectivos efeitos económicos, leia-se Danzinger e Weinberg (1986, p. 1 ss.), Danzinger, Haveman e Plotinik (1986, p. 50 ss.), Heclo (1986), Danzinger e Weinberg (1994, p. 18 ss.).

[143] Sobre as diferenças entre o mecanismo do INR proposto por Friedman e este dos créditos fiscais reembolsáveis, *vide* Green, texto citado.

Considerando valores de 1993, Allen descreve assim o sistema em causa: por cada dólar de rendimento ganho, uma família com rendimentos de $7,750 recebe um crédito fiscal reembolsável de 18,5 por cento, até um valor máximo de $1,434. O crédito é depois "descontinuado", reduzido em 13,21 cêntimos por cada dólar de rendimento bruto ajustado (RBA) acima de $12,200, até atingir o valor zero para famílias com RBA de $23,050. Uma vez que os benefícios pagos pelo EIC aumentam positivamente com os rendimentos até ao ponto *de inflexão*, a sua principal atracção está no facto de assegurar incentivos para o trabalho em relação a trabalhadores com rendimentos muito baixos. No entanto, a partir desse ponto, os seus efeitos de substituição tornam-se idênticos ao que eram já apontados ao IRN, na sua versão, "friedmineana", inicial[144].

De tudo o que antecede, poder-se-á assim considerar que o IRN, instrumento pensado para responder ao problema da pobreza dos países mais desenvolvidos, procurando superar as (alegadas) ineficiências das políticas de assistência social *convencionais*, constitui, sem dúvida, um verdadeiro antecedente e um exemplo extremado de integração do sistema de protecção social no sistema fiscal (na medida em que "encaixa" a tributação *negativa* – a atribuição de benefícios sociais – no esquema prévio de tributação *positiva* dos rendimentos). No entanto, a integração dos dois sistemas não tem de passar, necessariamente, pelo mecanismo do IRN.

No ponto seguinte, indicaremos algumas dessas experiências posteriores que podemos encontrar, nomeadamente, em certos países europeus (por exemplo, os Países Baixos, o Reino Unido e a Suécia). Trata-se de formas diferenciadas de articulação ou de integração e os seus efeitos, no plano da eficiência e da efi-

---

[144] Sobre o assunto, leia-se ainda Moffit (2003), p. 132 ss..

cácia, têm sido também distintos. Apesar dos particularismos verificados, a análise dessas experiências remete-nos invariavelmente para dois efeitos-limite: *i)* do ponto de vista contributivo ou de financiamento, o esvaziamento da distinção entre financiamento por contribuições sociais ou por impostos; *ii)* do ponto de vista prestacional, a eventual diluição da atribuição dos benefícios sociais no próprio *mecanismo* ou *esquema* fiscal[145].

3.1.3. *Algumas soluções a nível internacional*

De um modo geral, aponta-se como *rationale* para a unificação dos sistemas de cobrança fiscal e da segurança social o objectivo de uma maior *performance* na cobrança de receitas públicas de natureza tributária (Barrand, Ross e Harrison, 2004). Concretizando, e ainda segundo estes autores, constituem vantagens principais dessa integração: *i)* o aproveitamento cabal das sinergias que existem entre os dois tipos de organizações e das suas funções nucleares, *ii)* a redução esperada dos custos administrativos e de controlo. Quanto a este último ponto, espera-se, na verdade, que a integração dos sistemas elimine a duplicação das funções nucleares associadas ao processo de cobrança, poupando-se assim nos gastos com pessoal e dirigentes dos serviços, nos equipamentos e espaços utilizados pelos funcionários e também nos custos de desenvolvimento de tecnologias e sua manutenção.

A efectivação desta integração não deixa, no entanto, de colocar diversos problemas importantes que nem todos os países terão condições para resolver[146].

O primeiro problema, de *ordem conceitual-legislativa*, prende-se com a necessidade proceder à uniformização dos conceitos

---

[145] Sobre este assunto, veja-se ainda o nosso estudo anterior Cabral (2001, pp. 87-89).

[146] Recorde-se o que dissemos atrás, no ponto 3.1.1., sobre os parâmetros a que deve ater-se essa pretensão de integração.

"jus-tributários" relevantes. Esta matéria foi especialmente tratada por Williams (1997). Para o autor, os conceitos que deverão ser aproximados, como condição prévia da uniformização, são sobretudo os conceitos de "empregador", de "trabalhador", de "trabalhador por conta de outrem", de "trabalhador independente" e de "rendimentos do trabalho"[147]. Outras questões, ligadas a esta, deverão também ser resolvidas: por exemplo, a da identificação clara dos sujeitos passivos, principais e acessórios (tendo em vista, designadamente, a existência de mecanismos de retenção na fonte) e dos tipos de contribuintes em presença.

O segundo tipo de problemas é de *ordem administrativa*. E colocam-se, ainda segundo Barrand, Ross e Harrison (2004), nas seguintes quatro áreas: *i)* O âmbito de actividade de cobrança que deve ser transferido da segurança social para o fisco; *ii)* a importância da utilização de um único número de identificação tributária; *iii)* o grau de integração dos processos de cobrança; *iv)* as soluções de controlo e registo que devem ser postas em prática. Vejamos.

Relativamente à primeira área em apreço, os mesmos autores entendem que, em ordem a uma maior eficiência e simplificação, toda a actividade de cobrança deve ser transferida para uma única entidade. Quanto à segunda área, afigura-se fundamental a adopção de um sistema de identificação comum que facilite desde logo a transmissão de informação entre a segurança social e a administração fiscal. Isto pode passar pela atribuição de um único *número de identificação tributária* (NIT) que incorpore por exemplo informação de acesso digital reservado. Empregadores e trabalhadores deveriam assim possuir um NIT

---

[147] Entre nós, como vimos em outro momento, tem-se caminhado para uma aproximação, ainda que com recuos pontuais, do conceito de rendimento de trabalho relevante para efeitos fiscais e para efeitos de tributação para a segurança social.

no qual figurasse toda a "vida" contributiva e prestacional relevantes. Relativamente à terceira e quarta áreas apontadas, pretende-se que a cobrança das contribuições sociais seja integrada nos processos nucleares de um sistema fiscal, assente, em larga medida, em *princípios de auto-avaliação* (declaração de rendimentos, processamento de rendimentos e pagamentos, etc.). Os sistemas devem ser concebidos de forma a serem capazes de obter informação específica sobre os contribuintes/beneficiários e a transferirem-na para a entidade responsável pelo pagamento das prestações em termos compatíveis com os respectivos sistemas operativos. Tendo por base o objectivo estratégico de melhoria da *performance* no sistema de cobrança, impõe-se, para uma efectiva integração, a implementação de alguns princípios fundamentais. Tais como:

a) Eliminação de tarefas duplicadas e atribuição selectiva de funções e competências a cada entidade envolvida;

b) Promoção, desde logo a nível legislativo, da troca permanente de informações relevantes entre as entidades;

c) Delimitação da informação a obter, sendo que só deve ser obtida e processada a informação estritamente necessária;

d) Escolha de um único período de tributação relevante e de um só método de preenchimento de declarações de rendimentos, em princípio a cargo das entidades empregadoras;

e) Ligação eventual entre as contribuições pagas e as prestações percebidas, ligação que é considerada a forma mais correcta de assegurar a simplificação administrativa de todo o processo tributário subjacente.

Estes dois últimos princípios, pela sua relevância prática, merecem algumas considerações adicionais. Em primeiro lugar, a questão da definição do *período de tributação relevante*. Como antes pudemos assinalar, a propósito do IRN, uma das maiores dificuldades sentidas na transição para soluções integradoras prende-

-se com a ausência de coincidência tradicional entre o período fiscal relevante, fixado habitualmente no ano (que pode, por sua vez, ser ou não o ano civil), e o período de tributação relevante na segurança social, em geral reportado ao mês (pela apresentação mensal de declarações de remunerações dos trabalhadores). A opção pela integração dos sistemas de cobrança deve passar pela implementação de um mecanismo de registo harmonizado ou até mesmo de um registo único dos rendimentos feitos para propósitos estritamente fiscais e de atribuição de benefícios da segurança social.

Em segundo lugar, a questão, também já antes aflorada, da *ligação entre as contribuições e os benefícios ou prestações atribuídas*. Isto porque a integração do sistema de cobrança da segurança social no sistema de cobrança fiscal pode tornar mais difícil e complexa a tarefa de verificar e comprovar a regularidade da situação tributária do contribuinte, como condição de atribuição das prestações. Essa complexidade será mais preocupante no caso das prestações *imediatas* (o caso dos benefícios na doença, na maternidade e no desemprego): não só porque o direito de atribuição depende de períodos contributivos curtos (em geral reportados a alguns meses de contribuição), mas também porque, uma vez confirmado o direito, o processamento e pagamento da prestação deve fazer-se com a maior brevidade possível. Esta matéria foi tratada ainda por Williams (1997). Para o autor as ligações entre contribuições e benefícios sociais podem ser directas ou indirectas. No sistema de *ligações directas*, exige-se que o contribuinte pague um determinado volume de contribuições sociais antes de poder receber as prestações. Podemos qualificar tal sistema como *sistema da efectividade contributiva*: neste, o acesso ao direito à prestação depende de um prazo de garantia ou período contributivo efectivo. Este sistema, que é o mais rigoroso, tem como desvantagem o facto de comportar maiores exigências administrativas no tocante ao registo exacto das contribuições e especiais exigências também em matéria de conhecimento rápido da situação contributiva do beneficiário em apreço. O *sistema de ligações indirectas* que procura obviar a esta desvantagem conhece, por seu turno, duas formas principais. A primeira forma consiste em atribuir relevância tributária ao período durante o qual o contribuinte se encontrou a trabalhar, independentemente da entrada efectiva de contribuições. Podemos qualificá-lo de *sistema de efectividade laboral ou profissional*. A segunda forma de ligação indirecta faz-se por referência ao estatuto de residência do contribuinte: o acesso ao direito às prestações fica aqui dependente da prova de que o contribuinte residiu no território relevante por um certo período de tempo. A este sistema podemos assim denominar de *sistema de efectividade de residência*.

As dificuldades em proceder a uma adequada ligação entre contribuições e benefícios/prestações sociais parecem colocar-se em qualquer destes sistemas. Elas surgem justamente porque o lado contributivo aparece distinto, separado, do lado prestacional; cada um destes aspectos é regulado por regras próprias e, no plano institucional, a responsabilidade é atribuída a entidades distintas[148]. Por isso, para superar inteiramente essas difi-

---

[148] De resto, importa ainda fazer notar que esta matéria não se confunde com a questão do *tratamento fiscal* quer das contribuições sociais, quer dos benefícios ou prestações sociais. Relativamente ao *tratamento fiscal das contribuições sociais*, importa identificar dois tipos de situações diferentes e que podem determinar, ainda que não necessariamente, diferenças do ponto de vista fiscal (nomeadamente em sede de tributação do rendimento pessoal): *i)* contribuições pagas pelos trabalhadores para regimes públicos obrigatórios; *ii)* contribuições dos trabalhadores para regimes complementares privados, obrigatórios ou facultativos, designadamente regimes profissionais de reforma. Adiante, retomaremos esta questão. Quanto ao *tratamento fiscal das prestações sociais*, de um modo geral, há lugar à tributação das prestações que asseguram a substituição de rendimentos do trabalho, particularmente

culdades, as experiências concretas de integração do sistema de cobrança da segurança social na administração fiscal tendem para soluções-limite: ou seja, para a integração dos sistemas, não apenas no plano contributivo, mas também no plano prestacional. Aqui, do que se trata verdadeiramente é de proceder à integração dos benefícios sociais no próprio esquema ou mecanismo fiscal, inerente à tributação do rendimento pessoal. Estas soluções, ainda que possam ter, de início, apenas uma motivação de índole administrativa, institucional e funcional (melhoria da *performance* dos sistemas de colecta em apreço), traduzem, acima de tudo, uma alteração de concepção e de *filosofia* das políticas de protecção social (e até das políticas sociais no seu todo), na sua intersecção com o sistema fiscal. Tendo por base a experiência pioneira do IRN, as soluções internacionais mais emblemáticas procuram redefinir toda a lógica de atribuição das prestações sociais aos indivíduos e aos agregados familiares, através da sua efectiva integração no mecanismo de liquidação e apuramento do imposto sobre o rendimento pessoal. Destas, destacamos de seguida os exemplos de três países europeus: a Suécia, o Reino Unido e os Países Baixos. Assim:

A) <u>A Suécia</u>
Como nos explicam Smedmark e Svenström (1997), a colecta de contribuições cabia, tradicionalmente, à administração central da segurança social ("Organismo Nacional do Seguro Social –

---

os subsídios de desemprego. Trata-se sobretudo de evitar o desincentivo para o trabalho que poderia acontecer se o rendimento líquido ou disponível fosse superior nos casos de atribuição destes rendimentos substitutivos das remunerações do trabalho. De igual modo, também as pensões de velhice, por razões de justiça social, são geralmente objecto de tributação em sede de imposto sobre o rendimento pessoal, ainda que podendo gozar de tratamento mais vantajoso. Sobre o assunto, em sede geral, ainda Williams (1997).

ONSS"). A partir de meados da década de setenta do século XX, foram adoptadas as primeiras medidas no sentido da descentralização das tarefas de cobrança: implementação de sistemas informáticos a nível regional; simplificação de processos de colecta, ainda que sujeitos a maior controlo e segurança.

Em 1985, ocorreu a grande mudança. O ONSS deixou de supervisionar a cobrança de contribuições, as quais foram transformadas em impostos de taxas fixas sobre o rendimento e fundidas com a colecta do imposto sobre o rendimento pessoal. A administração da cobrança passou a ser assegurada pelas autoridades locais, sob supervisão do Organismo Fiscal Nacional. As contribuições das entidades empregadoras passaram, desde aí, a ser pagas como percentagem do salário pago no mês precedente. Os trabalhadores até aos 65 anos de idade têm direito a receber pagamentos monetários e benefícios sujeitos a tributação. Já os trabalhadores independentes suportam, eles mesmos, o pagamento das contribuições sociais. Quer a contribuição de taxa fixa quer as deduções fiscais são calculadas e remetidas ao contribuinte via postal ou por transferência bancária.

B) O Reino Unido

Foi sobretudo no final do século XX que o sistema de segurança social experimentou as mudanças mais significativas na sua relação com o sistema fiscal. Tal como nos ensina Williams (1999), a aprovação, em 1999, da "*Transfer of Functions Act*", ditou a transferência do departamento governamental responsável pela colecta das contribuições sociais ("*contributions agency*") da alçada da segurança social para a administração fiscal ("*Inland Revenue*"). E assim dando origem a um corpo administrativo de pessoal único, com poderes iguais em termos de informação e execução.

A partir de 2002, nos termos da mesma Lei, o imposto sobre o rendimento e as contribuições sociais não só passaram a ser da responsabilidade da mesma entidade administrativa, como também passaram a ter processos de cálculo e apuramento interligados (designadamente, no tocante à definição dos limiares de rendimento). Os objectivos desta importante alteração foram não apenas o da maior simplificação do procedimento administrativo com redução dos custos, mas também o combate mais eficaz à evasão contributiva e à obtenção indevida de prestações sociais. Isto, através de uma integração plena das contribuições sociais no esquema de tributação do rendimento.

Mas mais do que isto, a plena compreensão dos fenómenos das *armadilhas da pobreza e do desemprego*, ditou a necessidade de conceber todo o sistema de benefícios sociais à luz do funcionamento do sistema de tributação do rendimento. Aquele primeiro sistema será a outra face de uma mesma moeda. Isso ditou, explica ainda Williams, dois importantes desenvolvimentos. O primeiro consistiu na necessidade de coordenação do imposto sobre o rendimento pessoal e respectivas taxas e deduções com os tipos e taxas de benefícios sociais a atribuir. O segundo desenvolvimento foi o da verificação de que os próprios benefícios sociais podem ser pagos, de forma mais cabal e justa, através do próprio imposto sobre o rendimento. Este processo de reconhecimento teve início em 2000, pela aprovação do *"Tax Credits Act"*, com a conversão de um benefício social significativo num crédito fiscal, pagável a trabalhadores com salários baixos e com famílias jovens. O crédito familiar deu lugar a um verdadeiro crédito fiscal pago aos assalariados. O sistema é desenhado de modo a garantir que o beneficiário do crédito fiscal, fique com um rendimento mínimo semanal de 200 libras ou mais de 10 mil libras por ano[149], independentemente do que ganhe no momento do requerimento. O principal efeito será o de transformar pagamentos separados, feitos até aí pela segu-

---

[149] No momento da implementação.

rança social, àqueles que trabalham, em pagamentos feitos directamente através da "folha" de remunerações pagas pelas entidades empregadoras e supervisionados (e financiados) pela administração fiscal.

O objectivo maior desta medida foi o de encorajar aqueles que estão a receber benefícios sociais, mas com condições de trabalhar, a procurarem trabalho, sobretudo se tiverem crianças a seu cargo. Paralelamente, pretenderam-se outros efeitos: *i)* utilização do pacote salarial para garantir, de forma única, a atribuição de todos os benefícios, abolindo esquemas separados de pagamento; *ii)* redução dos custos administrativos associados e, acima de tudo; *iii)* redução da despesa pública na administração dos benefícios. Segundo WILLIAMS, para além destes efeitos benéficos, a principal consequência desta alteração é sistémica: «o IRS deixará de ser um processo de sentido único. Haverá vários milhares de famílias ou de indivíduos que receberão mais em créditos fiscais do que pagarão em impostos. E haverão alguns que não pagarão imposto, mas receberão créditos fiscais. Este facto poderá, com o tempo, alterar profundamente a perspectiva dos trabalhadores relativamente ao IRS. Até poderá fazer com que o IRS se torne novamente num imposto tolerável» (*cit.,* pp. 61 e 62).

C) <u>Os Países Baixos</u>

Também aqui se deram passos importantes no sentido da integração[150]. Como explica Pleijsier (1999), foi em 1997, na sequência dos trabalhos desenvolvidos pela *"Derksen Comittee"*, que foi elaborado o primeiro relatório, com o objectivo de identificar as causas determinantes do fenómeno da armadilha da pobreza e apontar as soluções mais adequadas para o ultrapassar. Como causa principal, a Comissão apontou a separação tradi-

---

[150] Sobre as primeiras tentativas de integração, veja-se Witteveen (1990), p. 268 ss..

cional entre os sistemas de segurança social e fiscal e o facto de, por vezes, serem mesmo incompatíveis entre si. A resposta ao problema passaria pela implementação de três princípios fundamentais: *i) Harmonização* – de acordo com o qual, toda a legislação, fiscal e de segurança social, deveria utilizar a mesma definição de rendimento; *ii) Integração* – toda a actividade administrativa de colecta deveria ser concentrada num sistema administrativo único (concretamente, na administração fiscal); *iii) Generalização* – o apoio financeiro deveria ser geral, ainda que tendo por base de referência os grupos sociais de mais baixos rendimentos.

A partir daqui, explica ainda Pleijsier, aprofundou-se a troca de informações e a coordenação entre entidades: as autoridades fiscais prestam informação sobre os rendimentos dos beneficiários às entidades da segurança social. Seguiu-se a introdução de um número SOFI (número fiscal social), que serve para propósitos de tributação (fiscal e da segurança social) e, bem assim, para a atribuição de benefícios.

Mas o relatório em causa continha ainda uma outra importante recomendação: a proposta de alteração do sistema fiscal assente num mecanismo de créditos fiscais (na lógica da tributação rendimento *negativo*). Sequentemente, o Governo holandês fez aprovar, em 2001, uma nova Lei do Imposto sobre o Rendimento, onde se previam diversas deduções ao rendimento, em função da natureza e dimensão do agregado familiar. O benefício líquido dessas deduções variaria de acordo com o valor do rendimento total. Um dos problemas que se procurou evitar com a aprovação deste crédito fiscal foi, de novo, o problema da armadilha da pobreza e do desemprego. Para tanto, consagrou-se a chamada *taxa líquida de reposição*, correspondendo ao rendimento líquido do apoio social expresso em percentagem do rendimento líquido do trabalho que uma pessoa desempregada poderia obter, em caso de regresso ao mercado de trabalho.

3.2. *Avaliação da situação portuguesa*

Portugal consagra um *sistema dualista de cobrança* dos impostos e das contribuições sociais. Ainda assim, o sistema autoriza alguns elementos mitigadores, ou seja, certos elementos de aproximação ou de uniformização tendencial. No ponto que agora iniciamos, iremos ver se tais elementos pré-figuram ou não uma evolução no sentido da unificação dos sistemas de cobrança ou se, pelo contrário, as *idiossincrasias* da segurança social portuguesa, a nível financeiro/orçamental, institucional e organizativo, inviabilizam – pelo menos nos próximos anos – essas soluções de integração. Se é certo que, no plano da configuração do sistema de segurança social e no modo como se encontram estruturados os dois sistemas de cobrança, é possível encontrar elementos favoráveis a uma eventual integração, já nos planos institucional e organizativo, os elementos de resistência parecem sobrepor-se.

Recorde-se que antes propusemos, como parâmetros fundamentais de apreciação das situações dos países em causa e do relativo grau de abertura perante soluções de integração, os seguintes níveis:

A) <u>Primeiro nível</u> – *estrutura e financiamento do sistema de segurança social*
B) <u>Segundo nível</u> – *planos conceitual e operativo;*
C) <u>Terceiro nível</u> – *planos institucional e administrativo;*
D) <u>Quarto nível</u> – *planos "mental" e "cultural".*

Analisemos agora, então, a situação portuguesa em face destes parâmetros:

A) <u>Primeiro nível</u> – *estrutura e o financiamento do sistema de segurança social.*

A este nível, podemos encontrar alguns factores de abertura a uma eventual integração dos sistemas de cobrança. Em primeiro lugar, porque, como vimos antes, apesar de o sistema de segurança social português ser ainda primacialmente financiado por contribuições sociais, tende a assistir-se, no financiamento global do sistema, ao reforço do peso das transferências do OE e da consignação de receitas fiscais e, pelo contrário, à perda de importância relativa daquelas contribuições no total das receitas do sistema. Ora, a transferência de maiores responsabilidades financeiras, da segurança social para o OE, pode ser condição prévia de uma ulterior concentração de funções de cobrança na "máquina estatal-fiscal". Em segundo lugar, o facto de as contribuições sociais serem prevalentemente consideradas, pela jurisprudência quer do Tribunal Constitucional quer do Supremo Tribunal Administrativo, como impostos (ou, pelo menos, como tributos sujeitos a idêntico regime jurídico-constitucional) constituirá também indicador ou factor favorável dessa integração do respectivo sistema de cobrança no sistema de cobrança fiscal. Em terceiro lugar, a circunstância de a taxa contributiva, na segurança social portuguesa, ser uma taxa única e global, destinada ao financiamento de todas as prestações sociais (e não só), cuja desagregação nem sequer é uma desagregação no sentido próprio do termo (ou seja, uma desagregação técnica e actuarial), parece facilitar também essa integração no sistema de cobrança fiscal.

B) Segundo nível – *planos conceitual e operativo*

Embora predomine como vimos, a nível jurisprudencial, a tese da recondução das contribuições sociais ao "universo jusfiscal", pelo menos no que ao princípio da legalidade fiscal diz respeito, importa para este efeito ir um pouco mais além. Na verdade, a integração dos sistemas de cobrança é tanto mais facilitada, quanto as contribuições sociais utilizem, no processo subjacente à colecta (que vai desde a liquidação do tributo à cobrança propriamente dita), a técnica e a metodologia fiscais, nomeadamente as que respeitam ao imposto sobre o rendimento das pessoas singulares (IRS). Assim, tendo em conta o processo de liquidação e cobrança do IRS, salientamos os principais elementos de proximidade, mas também os elementos de afastamento entre o processo fiscal e o processo contributivo da segurança social, ou dito de outra forma, entre as tradições fiscal e mutualista[151]. Atente-se no quadro seguinte:

---

[151] Sobre o assunto, recorde-se o ponto 2.1.2 do Capítulo II.

Quadro XI
Elementos de proximidade e de afastamento entre o procedimento e a técnica fiscais e o procedimento usado no CC

Elementos de proximidade	Elementos de afastamento
Incidência real: Ambas adoptam os rendimentos (por oposição ao património ou ao consumo) como base de incidência. Em ambos os casos, a BIC é alargada. O CC favoreceu esta tendência, aproximando o conceito de remuneração para efeitos de tributação no regime geral de segurança social dos trabalhadores ao conceito de rendimento de trabalho relevante para efeitos de IRS (categoria A).	Incidência real: A base de incidência contributiva (BIC) é menos alargada na segurança social do que no IRS, não apenas porque ali não há lugar ao englobamento de *todos* os rendimentos do sujeito passivo (ou seja, rendimentos do trabalho, mas também rendimentos de capitais, prediais, etc.). Na tributação para a segurança social (portuguesa), não há lugar à tutela do *mínimo de existência* como acontece no IRS (onde abaixo de um limite mínimo de rendimentos não é exigível o pagamento de imposto).
Incidência pessoal (e identificação do sujeito passivo e/ou contribuinte): Mecanismo de substituição tributária: também nas contribuições sociais, a entidade empregadora se substitui ao trabalhador no pagamento das contribuições (na parte que é por este devida), através do mecanismo da retenção na fonte[152].	Incidência pessoal (e identificação do sujeito passivo e/ou contribuinte): Na segurança social, o tributo é suportado quer pelo trabalhador, quer pela entidade empregadora (duplicidade de sujeitos para um mesmo facto ou pressuposto tributário), ao passo que no IRS, o sujeito passivo principal é só um.
Liquidação: Em ambos os casos, a liquidação faz-se pela aplicação de uma taxa a essa base de incidência: na verdade, a liquidação das contribuições faz-se, à semelhança do que sucede com o IRS, mediante a aplicação de uma taxa sobre uma dada base de incidência e que é, em ambos os casos, o rendimento.	Liquidação: Os mecanismos de liquidação são diferenciados, o que traduz desde logo uma relevância distinta que é dada à situação sócio-económica do contribuinte e respectivo agregado familiar. A relevância que é dada à situação familiar do contribuinte e respectivo agregado reflecte-se também no cálculo do tributo a pagar: no cálculo do IRS, há lugar ao *quociente conjugal* (cf. artigo 69.º do CIRS), realidade que não encontra paralelo na tributação para a segurança social. Progressividade versus proporcionalidade das taxas: As taxas dos tributos têm também uma natureza diferenciada: nas contribuições sociais, a taxa é fixa, proporcional aos rendimentos sujeitos a tributação; no IRS, as taxas aplicáveis são progressivas por escalões de rendimentos.
Benefícios fiscais: Quer no CIRS, quer no CC se acolhem situações fiscalmente vantajosas. Em ambos os casos, é possível encontrar ou intuir, quer a existência de desagravamentos de natureza estrutural, quer a existência de benefícios fiscais no sentido próprio do termo.	Benefícios fiscais (deduções à colecta *versus* reduções de taxa): A extrafiscalidade no CIRS assume essencialmente a natureza de benefícios fiscais pessoais ou familiares sob a forma de deduções à colecta. No CC, pela natureza dos contribuintes em causa (não apenas o trabalhador, mas também a entidade empregadora) e das finalidades extrafiscais subjacentes, bem como do significado económico de uma e outra, os benefícios fiscais assumem a forma de reduções ou isenções de taxas (*Vide* a nossa análise da extrafiscalidade no CC, no ponto 3.2.3 do Capítulo I).

---

[152] Não cuidamos aqui da controvérsia em torno da questão de saber se a retenção na fonte é, verdadeiramente, uma forma de substituição fiscal. Para mais desenvolvimentos sobre o assunto, *vide* Feio (2001) e Rodrigues (2004).

Para além dos *elementos de proximidade* mencionados no quadro, destacaríamos ainda, já no plano da efectivação de responsabilidades (em sentido lato), outras duas linhas de aproximação:
- As regras do processo executivo tributário são aplicáveis à cobrança coerciva e ao processo executivo das contribuições sociais.
- O regime das infracções fiscais de natureza criminal é um só, aplicando-se também aos crimes contra a segurança social.

Para além dos *elementos de afastamento* referidos, destacamos ainda, naquele mesmo domínio, os seguintes:
- A existência de secções de processo executivo próprias da segurança social (a nível gracioso), criadas pelo Decreto-Lei n.º 42/2001, de 9 de Fevereiro (com alterações);
- A verificação de certas especificidades no domínio contra-ordenacional, pois que continua a existir um regime próprio de contra-ordenações na área da segurança social.

De todo o modo, mesmo num sistema dualista como o português, onde subsistem marcadamente todos estes elementos de afastamento, importa questionar se existem já hoje elos ou elementos que permitem relevar em sede fiscal, a situação contributiva perante a segurança social, ou vice-versa. Isto é tanto mais importante, quanto a existência dessas pontes – em qualquer um dos processos – pode funcionar como embrião da integração dos dois universos contributivos. Recordemos que os sistemas de integração envolvem justamente mecanismos dedutivos ao tributo a pagar, designadamente convolando alguns benefícios sociais em créditos fiscais concedidos às famílias, mormente às de mais baixos rendimentos. A solução, já entre nós assumida – desde a aprovação do CIRS –, de dar relevância fiscal às contribuições sociais obrigatórias funciona como uma primeira ponte dessa natureza (embora pelo lado contributivo):

retiram-se, a partir das contribuições sociais pagas pelos trabalhadores e seu resultado sobre o rendimento, consequências do ponto de vista fiscal. Esta relevância fiscal acontece em diversos momentos do CIRS e sobretudo quanto à categoria A: as contribuições obrigatórias para regimes de protecção social podem relevar, nas circunstâncias e nos termos previstos no n.º 2 do artigo 25.º, como dedução ao rendimento bruto da categoria A, influindo assim na determinação do rendimento líquido do contribuinte. Como refere Pereira (2000, p. 20), esta dedução específica da categoria A assume uma dupla finalidade: para todos os rendimentos, permitir a dedução das contribuições obrigatórias para a segurança social; para os rendimentos de trabalho mais baixos, concretizar a sua não tributação.

Inversamente, pode dizer-se também que hoje a situação fiscal releva e influi na determinação da situação contributiva perante a segurança social. Como vimos em outro momento[153], tem-se caminhado para a aproximação crescente entre a realidade remuneratória relevante para efeitos fiscais e aquela que releva para efeitos da segurança social. No caso dos trabalhadores por conta de outrem, o CC concretizou o alargamento da BIC, integrando novas prestações remuneratórias e aproximando-se assim do disposto no CIRS (artigo 2.º). No caso dos trabalhadores independentes, o CC dá agora utilidade às declarações de rendimento apresentadas por estes trabalhadores, para efeitos fiscais, adoptando assim um conceito preferencial de remuneração real, próximo aliás do conceito fiscal, em detrimento do de remuneração convencional, como sucedia com a legislação anterior.

No entanto, repita-se, estes são meros embriões. A plena integração dos sistemas fiscal e da segurança social implicaria assumir que o processo contributivo da segurança social soço-

---

[153] Capítulo II, pontos 2.2.2 e 2.2.3.

braria à custa do engrandecimento do processo e da máquina fiscais e implicaria ainda "resolver", no processo fiscal, alguns questões lapidares. Tais como:
— Incidência real. A aproximação do conceito de rendimento de trabalho válido para efeitos fiscais e para efeitos de tributação para a segurança social (o que como vimos até se verificou com o CC);
— Incidência pessoal e sujeição. Questão fulcral: substituição de dois contribuintes (o trabalhador e a sua entidade empregadora), por um só?
— Liquidação e benefícios fiscais. Financiamento único, integrando o IRS e as actuais taxas contributivas. Eventualmente também a criação de mecanismos de crédito fiscal (enxerto do sistema de prestações sociais no esquema dedutivo da tributação sobre o rendimento);
— Deveres acessórios. Uniformização dos deveres declarativos e contabilísticos. Do ponto de vista operativo: uniformização dos procedimentos administrativos e integração dos sistemas informáticos. Criação de uma administração fiscal única, que funcionasse ademais como verdadeira interface entre o esquema contributivo e o esquema de benefício ou prestação social (*vide infra*).
— Execução tributária única (sistema integrado de gestão de divida).
— Processos de efectivação de responsabilidades contra-ordenacionais (e criminais por maioria de razão) únicos.

C) <u>Terceiro nível</u> – *planos institucional e administrativo*

Este é um dos parâmetros onde a solução de integração encontra maiores dificuldades. Na verdade, a Segurança Social, como tivemos oportunidade de referir atrás, exibe ainda as marcas da sua independência de outrora, um conjunto de especificidades no plano organizativo, orçamental e de tesouraria. Acima de tudo, dirigentes e funcionários administrativos, mas também responsáveis políticos, insistem em vê-la como um "microcosmos" tangencial do Estado, um universo particular de receitas e despesas, cuja sanidade financeira deve ser, por si só, cuidadosamente assegurada. A gestão financeira do sistema de segurança social portuguesa tem, assim, os seus responsáveis "soberanos": o Instituto de Gestão Financeira da Segurança Social, enquanto entidade colectora de receitas e ao mesmo tempo responsável pela execução orçamental, pela gestão patrimonial e pela tesouraria da segurança social; o Instituto de Segurança Social, enquanto entidade realizadora de despesa, mormente com o pagamento das prestações sociais; o Instituto de Gestão dos Fundos de Capitalização da Segurança Social, enquanto entidade de rentabilização dos activos da segurança social.

A unificação dos sistemas de cobrança implicaria não apenas a recondução e subalternização dos actuais serviços de cobrança da segurança social aos serviços "centrais" da Administração Fiscal, como também profundas alterações no plano da especificação e execução orçamentais e em matéria de tesouraria (com a concretização, enfim, de uma verdadeira tesouraria única do Estado). Ora, considerando essa forte tradição "previdencialista", de organização e de gestão do sistema, estamos certos que uma tal mudança encontraria importantes obstáculos e resistência por parte dos principais agentes nela envolvidos.

D) Quarto nível – *planos "mental" e "cultural" (modo como se concebe o sistema da Segurança Social na sua relação com o Estado)*

Do que antecede, poder-se-á afirmar em suma que, em Portugal, a tradição da autonomia do aparelho da Segurança Social é ainda muito forte, inviabilizando a integração: para os trabalhadores e sindicatos, os "dinheiros" da segurança social são "dinheiros" dos trabalhadores, individualmente percepcionados e destinados a finalidades muito concretas, pelo que a autonomia do sistema será sempre uma garantia, a garantia de que os "seus" dinheiros jamais serão desviados para finalidades indiferenciadas e gerais do Estado; para os funcionários e dirigentes do sistema, aqueles dinheiros de que se sentem guardiões, ainda que *não sendo privados*, devem ficar num feudo encravado no Estado, com orçamentos, contas e serviços financeiros próprios.

Epílogo

1. No estudo que agora finalizamos, procedemos à análise das contribuições para a segurança social, tendo em conta os respectivos enquadramentos financeiro, histórico e jurídico-legal. Defendemos a sua crescente aproximação ao universo fiscal, designadamente depois de as sujeitarmos ao teste bipolar da "equivalência/capacidade contributiva". Com efeito, atendendo à evolução verificada nos últimos anos, qualificámos, como impostos, as contribuições para a segurança social, ainda que as mesmas apresentem as seguintes particularidades: *i)* Trata-se de impostos afectos a uma ampla categoria de despesas, ainda que num "universo" financeiro mais restrito do que o sector Estado – o sector da segurança social; *ii)* E aqui, verificámos, o princípio da equivalência vem cedendo passo ao princípio da capacidade contributiva, pelo que podemos afirmar que quanto a elas se verifica uma capacidade contributiva *especial*; *iii)* Notámos ainda o modo como hoje, nelas, se articula o princípio tradicional do previdencialismo – o princípio da contributividade –, com as exigências, cada vez mais preponderantes, da solidariedade laboral e da redistribuição económica.

De seguida, avançámos para a análise do modo como se evoluiu, ao longo das últimas duas décadas do século XX, na aplicação do princípio da legalidade fiscal à legislação contributiva da segurança social: como afirmámos, a jurisprudência constitucional e certa doutrina anteciparam-se ao legislador, na exigência de subordinação dos elementos contributivos essenciais a este princípio constitucional. Assinalámos também o seguinte: mau grado a consagração no texto constitucional, desde 1997, de um *tertium genus* tributário, afigura-se-nos, porém, que o recentemente aprovado (e suspenso) Código Contributivo parece posicionar-se, perante as contribuições sociais, como um verdadeiro código fiscal e não tanto como um regime geral de contribuições financeiras. As contribuições sociais, uma vez sujeitas agora ao teste da legalidade fiscal, parecem novamente reivindicar o "estatuto" de impostos. Neste momento do nosso trabalho, procedemos ainda à análise crítica da evolução legislativa verificada nos últimos anos na legislação da segurança social, incluindo uma referência às novidades principais (que poderão vir a resultar) do Código Contributivo.

Por fim, discutimos acerca das perspectivas de futuro das contribuições para a Segurança Social, considerando os três tópicos fundamentais em que se centram os debates técnico e político. Em primeiro lugar, tratámos da questão do alargamento da base de incidência contributiva e a tributação de outros factores para além do trabalho, uma questão trazida para a agenda da reforma da segurança social, a partir dos anos noventa do século passado e que preserva toda a actualidade.

Em segundo lugar, apontámos o modo como se passou da discussão exacerbada em torno da introdução de limites contributivos (e da concomitante privatização – parcial – da segurança social), às propostas mais recentes de adequação/agravamento do esforço contributivo, designadamente tendo em vista o reforço de mecanismos individuais de poupança, ainda que num quadro de protecção social pública. Esta mudança do acento tónico discursivo relacionou-se, como vimos, com algumas mudanças de paradigma. A primeira mudança coincidiu com o reconhecimento de que os regimes de capitalização (*maxime* os planos profissionais de pensões de reforma) não seriam imunes ao estado da demografia e especialmente ao envelhecimento da população. Ou seja, àquela visão dogmática, segundo a qual somente os sistemas de repartição seriam afectados pelo envelhecimento – pelo que deveriam ser substituídos pelo sistema de capitalização ou diminuídos em prol do fortalecimento deste – veio, paulatinamente, a sobrepor-se o entendimento de que, conquanto de modo diferente, os regimes de capitalização sofreriam também os efeitos (negativos) das tendências demográficas actuais. A segunda mudança paradigmática prendeu-se com a passagem do discurso da inevitabilidade de *reformas sistémicas na segurança social,* implicando a substituição (total ou parcial) do sistema público de repartição pelo sistema privado de capitalização, à aceitação de *reformas paramétricas* no sistema de repartição. A terceira alteração de paradigma consistiu na passagem da defesa do recurso às *pensões antecipadas,* antes tida como a melhor resposta para o problema duplo da "sustentabilidade financeira/promoção do emprego", à afirmação do *princípio do envelhecimento activo,* preconizando-se a sua concretização no quadro das mencionadas reformas paramétricas, quer do lado contributivo, quer do lado prestacional, em particular pela alteração dos regimes das pensões de velhice. O tempo é, hoje, com efeito, o da promoção do aumento do tempo de trabalho, em consonância com o aumento da esperança média de vida.

Em terceiro e último lugar, tratámos da questão da integração do sistema (de cobrança) da segurança social no sistema (de cobrança) fiscal. Depois de mencionarmos os modelos diferenciados que existem nesta matéria, considerámos que as soluções concretas dadas por cada ordenamento jurídico dependem das diferenças verificadas a nível de quatro parâmetros ou níveis principais: *i)* Estrutura e financiamento dos sistemas de segurança social subjacentes; *ii)* Planos conceitual e operativo; *iii)* Planos institucional e administrativo; *iv)* Planos "mental" e "cultural". E, para concluirmos que, no caso português, embora possamos ter, designadamente nos dois primeiros níveis, alguns embriões dessa integração, a verdade é que as diferenças nos planos institucional e administrativo e também nos planos mental e cultural, parecem claramente inviabilizar (pelo menos nos tempos mais próximos) essa integração.

2. Seja como for, se é certo que a integração dos dois sistemas de cobrança tem ou pode ter, como grande vantagem, a simplificação e a redução de custos administrativos, ela também não é isenta de crítica, designadamente por parte dos que defendem a necessidade de preservar um sistema de essência laborista, de seguro social, destinado a proteger trabalhadores nos riscos sociais, em função dos descontos realizados. A integração envolve claramente a perda da identidade previdencial da protecção social pública. É curioso, no entanto, fazer notar que as propostas de integração dos dois sistemas tanto podem advir de concepções mais liberais e até da defesa de modelos de protecção social de carácter assistencialista – como sucede com a proposta "clássica" de Milton Friedman, do Imposto sobre o Rendimento Negativo –, como constituírem o produto de concepções socializantes, associadas à defesa de uma segurança social universal e redistributiva – adaptando, por exemplo, o modelo do Rendimento Básico Universal, proposto por Van Parijs. Ou seja, o modelo unitário (de integração) é facilmente apropriável "à direita" e "à esquerda". Ali, por causa da simplicidade administrativa e da afirmação de uma protecção de mínimos, aqui, por poder favorecer a redistribuição económica.

3. Aqui chegados e tendo em conta o que acabou de ser referido, afigura-se-nos ser possível, nos planos estritamente teórico ou académico, conceber duas hipóteses extremadas de evolução da Segurança Social portuguesa (que qualificamos, respectivamente, de *Estado Social Alisado* e de *Estado Social Redistributivo* – Quadro XII), sendo certo que na sua concepção tivemos de atender aos seguintes aspectos: 1. Sentido da evolução do sistema até ao presente e tendências quanto ao futuro próximo; 2. Compreensão não apenas do funcionamento do sistema de protecção social *tout court*, mas do desenho do Estado Social em Portugal (considerando, por exemplo, princípios fundamentais

da nossa Constituição Social e a sua provável alteração); 3. Consideração das influências externas que podem, em matéria social, levar a um certo mimetismo das soluções de reforma (mormente a nível da União Europeia), mas que, apesar de tudo, não podem fazer esquecer as especificidades e idiossincrasias de cada ordenamento (daí que as hipóteses sejam muito focadas na realidade portuguesa); 4. Em ambas as hipóteses, se equaciona a mudança e, em ambas, essa mudança é fortemente condicionada pelos factores demográficos, económicos e financeiros que reclamam medidas de contenção da despesa, a curto e a médio e a longo prazos; 5. O que, na verdade, diferencia as duas hipóteses é a tradição e a fonte ideológica de que promanam: a primeira recebe influências do pensamento liberal conservador, do modelo do Estado mínimo e da concepção negativa de liberdade; a segunda filia-se na tradição da *"new left"*, do paradigma da justiça social e da concepção positiva de liberdade.

Note-se, por último, que o modelo apresentado no Quadro traduz duas hipóteses extremadas, por isso mesmo dificilmente praticáveis "no seu estado puro". Daí o seu apelido: são hipóteses académicas.

Quadro XII
Hipóteses académicas extremadas de evolução da Segurança Social portuguesa

Constrangimentos	Hipótese 1 *Estado Social Alisado*	Hipótese 2 *Estado Social Redistributivo*
1. Dimensão Estrutural: desafio da sustentabilidade de longo prazo das finanças públicas; 2. Dimensão conjuntural: a crise económico-financeira.	A) As medidas de contenção da despesa e estratégias de *"retrenchment"* (redução do peso das responsabilidades e compromissos futuros do Estado), como aquelas que já hoje se desenham no contexto de reformas paramétricas dos sistemas públicos de pensões serão consideradas insuficientes, reclamando-se medidas mais profundas e sistémicas.	A) As reformas paramétricas nos sistemas de protecção social vão sendo mantidas e até aprofundadas, se e na medida em que o exijam a(s) conjuntura(s) e o desafio da sustentabilidade de longo prazo das finanças públicas.
	B) Do lado do financiamento e, concretamente, no que diz respeito ao desenho das contribuições sociais, as soluções mais radicais apontam para medidas que, só na aparência, se contradizem: por um lado, o redimensionamento do Estado Social dita a substituição de uma lógica de gratuidade, por uma lógica de contributividade (vulgarizada na expressão do "utilizador-pagador") e isso mesmo dita também o reforço do previdencialismo, dos mecanismos de consignação de receita e, sobretudo, o reforço da capitalização individual, pública e privada (fechando a componente previdencial sobre si-mesma que encontra assim *uma nova razão de ser*); por outro lado, esse mesmo redimensionamento aponta para o reforço da solução fiscal, pela simplificação do sistema fiscal, concretizada no seguinte modelo: *i)* um modelo marcado por uma tributação *"flat"*, alisada e uniforme, com taxas desprovidas de significado redistributivo, e, simultaneamente (que não paradoxalmente); *ii)* um modelo que concretize, de forma simples e rápida, o "dois em um", a concessão de benefícios sociais às franjas mais carenciadas da população, pela via de créditos de imposto (como vimos a solução do IRN) e que dispensa assim sistemas prestativos ou de despesa *propriamente dita*.	B) Simultaneamente, o sistema previdencial, até para garantir o respectivo equilíbrio financeiro, reforça mecanismos de diferenciação positiva e de redistribuição; as contribuições sociais vêem afrouxada a sua vocação sinalagmática e assumem outra, de natureza redistributiva. No limite, essa propensão solidarista pode esvaziar o sentido e a razão de ser do sistema previdencial: aqui, as contribuições sociais tenderão a ceder passo ao esforço fiscal e o sistema de cobrança da segurança social dilui-se no sistema de cobrança fiscal. Em suma, o previdencialismo e a lógica comutativa que ele encerra também recuarão nesta segunda hipótese. Progressivamente, o sistema previdencial vai sendo comprimido pelo alargamento dos mecanismos de redistribuição, de diferenciação positiva e de *"means-testing"*, em muitas das prestações que atribui (v.g. desemprego, doença, morte, etc.), perdendo grande parte do seu objecto actual e encontrando talvez *uma nova razão de ser*. O Orçamento do Estado assume, na integralidade, essa componente redistributiva ou de solidariedade que se vai acentuando.

	C) Uma nova razão de ser (plausível) para o Sistema Previdencial: financiar já não a pluralidade de prestações sociais imediatas, que são integradas no sistema fiscal (mormente pela via do IRN), mas tão só as pensões de velhice e invalidez (técnica de gestão e financiamento preferenciais: contribuição definida; capitalização individual). O sistema previdencial torna-se, verdadeiramente, num sistema de pensões.	C) Uma nova razão de ser (plausível) para o Sistema Previdencial: financiar já não a pluralidade de prestações sociais, que são integradas no sistema fiscal/orçamental, mas tão só as pensões de velhice e invalidez (técnica de gestão e financiamento preferenciais: prestação definida *mitigada*; repartição). O sistema previdencial torna-se, verdadeiramente, num sistema de pensões.
	D) O Estado Social esvazia-se da sua dimensão universalizante, gratuita e igualitária, neutraliza o sistema fiscal em prol da eficiência, reduz o leque de prestações sociais e procede à compartimentação muito fácil e muito *"clean"* do sistema fiscal/social, considerando apenas dois grupos: de um lado, os pobres (os muito pobres); do outro, indiferenciadamente, todos os outros.	D) Acentua-se a lógica redistributiva da tributação e redefine-se o *sentido* da universalidade da protecção social: o princípio da gratuitidade (acesso universal e gratuito) tende a ser mitigado pela ideia de diferenciação positiva e por alguns mecanismos de selecção (v.g. técnica de condição de recursos na atribuição de prestações sociais). A universalidade plena e a gratuitidade, que durante décadas informaram o nosso Estado Social, não terão mais lugar; a isso o obrigam, os constrangimentos da economia e da demografia e a percepção dos seus impactos financeiros, tanto a curto, como a médio e a longo prazo.

4. Qualquer que seja o caminho, por ora apenas se pode afirmar que os actuais constrangimentos económicos e demográficos que se fazem sentir sobre o Estado Social português e, particularmente, sobre o seu sistema de protecção social apontam, de uma maneira ou de outra, para soluções de *"retrenchment"* e, por conseguinte, para a redução da despesa com a protecção social, manipulando os factores ou parâmetros determinantes dessa despesa (há quem use o termo "privatização implícita"[154]). O previdencialismo parece, na verdade, algo acossado por estes elementos de tensão demográficos, económicos e financeiros.

---

[154] Blackburn (2006, p. 12 ss.).

Curiosamente, mesmo quando a linha política dominante aponta para o reforço dos mecanismos redistributivos no seio do próprio sistema previdencial (como aconteceu, por exemplo, com a introdução do princípio da regressividade das taxas de substituição ou a própria fixação de tectos máximos ao valor das pensões de velhice e invalidez), estes instrumentos redistributivos acabam, quiçá *contra natura*, por seu usados para afinar o tom generoso que o Estado Social exibiu entre nós, depois do 25 de Abril. Considera-se hoje que a generosidade do nosso previdencialismo *heterodoxo*, moldado no princípio tradicional da contributividade, incrementa a despesa pública. Ao invés, a redistribuição, a selectividade e a diferenciação positiva contêm-na.

BIBLIOGRAFIA

AA.VV. (1986), *Fighting Poverty: What Works and What Doesn't*. S. Danziger and D. Weinberg, eds., Harvard University Press, Cambridge.

AA.VV. (1997), *Interactions of social security and tax systems*, ISSA, OECD, Social Security Documentation, European Series, n.º 25, Geneva.

AA.VV. (2000), *Tributação do Trabalho Dependente – Relação com as Contribuições para a Segurança Social*, Glória Teixeira (coord.), Vida Económica, Porto.

ALLEN, Jodie T. (2007), "Negative Income Tax", The Concise Encyclopedia of Economics. Disponível em: http://www.econlib.org/library/Enc1/NegativeIncomeTax.html. [último acesso: 03.07.2010].

AMARAL, João Ferreira do (2007), "O desafio económico e financeiro", *Conferência "Os caminhos da sustentabilidade e a reforma dos sistemas de pensões"*, 13-14 Novembro de 2007.

ANASTÁCIO, Gonçalo e Joana Pacheco (2008), "A taxa de regulação e supervisão da ERC – Entidade Reguladora para a Comunicação Social. Anotação ao Acórdão do Tribunal Constitucional n.º 365/2008", *Revista de Finanças Públicas e Direito Fiscal*, Ano 1, 2008, n.º 3, IDEFF – Almedina Coimbra, pp. 213-229.

ANDERSEN, Torben M. (2009), "Fiscal policy and the global financial crisis", Economics Working Paper 2009-07. Disponível em: http://papers.ssrn.com/sol3/papers.cfm?abstract_id=1414243. [último acesso: 12.07.2010].

ANTUNES, Margarida (2005), *O desemprego na política económica – Uma reflexão sobre Portugal no contexto da União Europeia*, Coimbra Editora.

ARTUS, Patrick (1997), "Prélèvements obligatoires: quels effets sur l'économie? Quelles pistes de réforme?", *Droit Social*, 3, p. 219-228.

AUERBACH, Alan J. et aliud (1994), "Generational Accounting: a meaningful way do evaluate fiscal policy", *Journal of Economic Perspectives*, Vol. 8, 1, pp. 73-94.

AUERBACH, Alan J. e William G. Gale (2009), "The Economic Crisis and the Fiscal Crisis: 2009 and Beyond An Update". Disponível em: http://www.taxpolicycenter.org/UploadedPDF/411843_economic_crisis.pdf . [último acesso: 12.07.2010].

BAILLY, Olivier (1990), "L'exemple d'un État unitaire", *Droit Social – Les prélèvements obligatoires en Europe, Vers une stratégie commune?*, Numéro special, 3, pp. 252-254.

BANCAREL, Maurice (1993), "La crise du recouvrement des cotisations de Sécurité sociale", *Droit Social,* 9/10, pp. 779-786.
BARQUERO ESTEVAN, Juan Manuel (2002), *La función del tributo en el Estado social y democrático de derecho,* Centro de Estudios Políticos y Constitucionales, Madrid.
BARRAND, Peter *et aliud* (2004), *Integrating a Unified Revenue Administration for Tax and Social Contribution Collections: Experiences of Central and Eastern European Countries,* IMF Working Paper, WP/04/237. Disponível em: http://info.worldbank.org/etools/docs/library/238290/IMF_UnifiedCollection.pdf [último acesso: 03.07.2010].
BÉBÉAR, Claude (1995), "Protection sociale et charges sociales: pour un changement radical du système!", *Droit Social,* 9/10, pp. 734-738.
BELORGEY, Jean-Michel (1995), "Logique de l'assurance, logique de la solidarité", *Droit Social,* 9/10, pp. 731-733.
BÉRÉGOVOY, Pierre (1990), "Introduction", *Droit Social – Les prélévements obligatoires en Europe, Vers une stratégie commune?,* Numéro special, 3, pp. 242-246.
BICHOT, Jacques, — (1991), C.S.G.: la solidarité professionnelle se meurt, vive ma solidarité nationale!, *Droit Social,* 1, pp. 74-79.
— (2001), "Retraites: durée de cotisation ou neutralité actuariale?", *Droit Social,* 4, pp. 428-433.
BLACKBURN, Robin (2006), *El futuro del sistema de pensiones – Crisis financiera y Estado de bienestar,* Ediciones Akal, S.A., Madrid, 2010.
BONTOUT, Olivier *et aliud* (2001), "Les effets des prélèvements sociaux sur la dispersion des salaries et des coûts salariaux au cours de la décennie 90", *Dossiers Solidarité et santé, Études Sociales,* n.º 3, juillet-septembre, pp. 25-40.
BROUHNS, Grégoire (1990), " Prélévements fiscaux: mutations européennes", *Droit Social – Les prélévements obligatoires en Europe, Vers une stratégie commune?,* Numéro special, 3, pp. 265-267.
BUHL, Jean-Louis (1996), "Les nouvelles mesures de financement et leur gestion", *Droit Social,* 3, pp. 251-256.
BUITER, Willem H. (1997), "Generational Accounts, Aggregate Saving and Intergenerational Distribution", *Economica,* Vol. 64, n.º 256, pp. 605-626.
CABRAL, Nazaré da Costa, — (2001), *O financiamento da Segurança Social e suas implicações redistributivas – Enquadramento e regime jurídico,* Associação Portuguesa de Segurança Social, Lisboa.
— (2005), *O Orçamento da Segurança Social – Enquadramento da Situação Financeira do Sistema de Segurança Social Português,* Cadernos do IDEFF, n.º 3, IDEFF - Almedina, Coimbra.
— (2009), "Contribuições sociais e o princípio da legalidade fiscal", *Revista de Finanças Públicas e Direito Fiscal,* Ano II, 4, pp. 101-119.

— (2010a), "Contribuições sociais – um imposto que não ousa dizer o seu nome?", *Estudos em Homenagem a J.M. Sérvulo Correia,* Vol. IV, Coimbra Editora, pp. 191-223.

— (2010b), "Comentário ao Acórdão do Tribunal Constitucional n.º 188/ /2009, de 22 de Abril (Proc, n.º 505/98)", *Revista de Finanças Públicas e Direito Fiscal,* Ano III, 3, pp. 327-348.

CANOTILHO, J.J. Gomes e Vital Moreira (2007), *Constituição da República Portuguesa Anotada – Artigos 1.º a 107.º,* Vol. I, Coimbra Editora.

CASSONE, Vittorio (2006), *Direito Tributário,* 17.ª ed., Editoras Atlas S.A., São Paulo.

CASTANHEIRA, Ana (2006), "Reflexão sobre o impacto das políticas adoptadas no rácio económico de dependência das pensões portuguesas de velhice e de invalidez", *Cadernos Sociedade e Trabalho – Protecção Social,* 7, MTSS/ DGEEP, Lisboa, pp. 7-35.

CATARINO, João Ricardo (2008), *Redistribuição Tributária – Estado Social e Escolha Individual,* Almedina, Coimbra.

CAUSSAT, Laurent (1994), "Sécurité sociale: pour l'assurance", *Droit Social,* 11, pp. 902-907.

CENTENO, Luís Gomes (2006), "Envelhecimento e Barreiras da Idade no Emprego", *Cadernos Sociedade e Trabalho – Protecção Social,* 7, MTSS/DGEEP, Lisboa, pp. 155-178.

CHALK, Nigel e Richard Hemming (2000), "Assessing Fiscal Sustainability in Theory and Practice", IMF Working Paper, WP/00/81, International Monetary Fund.

CHASSARD, Yves (2001), "Retraites: du bom usage de la neutralité actuarielle", *Droit Social,* 6, pp. 644-647.

CICHON, Michael (1999), "Les regimes fictifs à cotisations définies: du neuf avec du vieux?", *Revue internationale de sécurité sociale,* Vol. 52, 4/99, p. 103-124.

CIEF – Centro de Investigação sobre Economia Financeira (1996), *A introdução de "plafonds" no sistema público de pensões,* ISEG, Lisboa.

COCKX, Bart *et aliud* (2005), "Allegement des cotisations patronales à la Sécurité sociale: pourquoi, pour qui, et comment? (1)", *Revue belge de Sécurité sociale,* 4, pp. 585-597.

COMISSÃO DAS COMUNIDADES EUROPEIAS, — (1993) *Livro Verde sobre a Política Social Europeia – Opções para a União,* COM (93) 551, Novembro de 1993

— (1993) *Livro Branco sobre Crescimento, Competitividade e Emprego – Os desafios e as pistas para entrar no século XXI,* COM (93) 700.

— (1994) *Livro Branco sobre a Política Social Europeia – Como avançar na União,* COM (94) 333.

— (2000) *Relatório sobre a Protecção Social na Europa 1999*.
— (2005) *Livre Verde "Uma nova solidariedade entre gerações face às mutações demográficas"*, COM (2005) 94 final.
COMISSÃO DE REGULAMENTAÇÃO DA LEI DE BASES DO SISTEMA DE SOLIDARIEDADE E SEGURANÇA SOCIAL (2001), *Novas bases de incidência contributiva para as entidades empregadoras (Artigo 61, n.º 1 da Lei de Bases)*, Contributo de Reflexão, polic.
COMISSÃO DO LIVRO BRANCO DA SEGURANÇA SOCIAL, — (1997), *Livro Verde da Segurança Social*, Lisboa.
— (1998), *Livro Branco da Segurança Social*, Versão final, Lisboa.
COMISSION OF THE EUROPEAN COMMUNITIES, — (2009), *Long-term sustainability of public finances for a recovering economy*, Brussels, COM(2009) 545/3.
— (2010), *Green Paper towards adequate, sustainable and safe European pension systems*, SEC(2010)830, COM (2010)365 final.
CORDEIRO, António Menezes (2009), "As aplicações financeiras como base contributiva, perante o Código dos Regimes Contributivos do Sistema Previdencial de Segurança Social", *Revista de Direito das Sociedades*, Ano I, n.º 4, Almedina, Coimbra, pp. 845-862.
CORREIA, José Manuel Sérvulo (1968), *Teoria da Relação Jurídica de Seguro Social*, in Estudos Sociais e Corporativos, 27, Ano VII, Lisboa.
COSTA, José Manuel Cardoso (2006), "Sobre o princípio da legalidade das "taxas" (e das demais "contribuições financeiras")", *Estudos em Homenagem ao Professor Doutor Marcello Caetano*, Vol. I, Faculdade de Direito da Universidade de Lisboa, pp. 789-807.
COUDREAU, Dominique (1990), "Prélèvements sociaux", *Droit Social — Les prélèvements obligatoires en Europe, Vers une stratégie commune?*, Numéro special, 3, pp. 271-274.
DANZIGER, Sheldon e M. Weinberg, — (1986), "Introduction", S. Danziger and D. Weinberg, eds. *Fighting Poverty: What Works and What Doesn't*. Harvard University Press, Cambridge, pp. 1 ss..
— (1994). "The Historical Record: Trends in Family Income, Inequality, and Poverty" in S. Danziger, G. Sandefur and D. Weinberg, eds. *Confronting Poverty: Prescriptions for Change*. Harvard University Press, Cambridge, pp. 18-50.
DANZIGER, Sheldon and Robert Plotnick (1986). "Antipoverty Policy: Effects on the Poor and the Nonpoor", S. Danziger and D. Weinberg, eds. *Fighting Poverty: What Works and What Doesn't*. Harvard University Press, Cambridge, pp. 50-77.
DAVID, Cyrille (2001), "Administration et citoyens face aux prélèvements obligatoires (contrôle des declarations)", *Droit Social*, 12, p. 1072-1081.

DAVIDE, Tondani (2008), *Universal Basic Income and Negative Income Tax: Two Different Ways of Thinking Redistribution*, MPRA Paper, n.º. 7016. Disponível em: http://mpra.ub.uni-muenchen.de/7016/1/MPRA_paper_7016.pdf. [último acesso: 03.07.2010].

DOURADO, Ana Paula (2007), *O Princípio da Legalidade Fiscal – Tipicidade, conceitos indeterminados e margem de livre apreciação*, Colecção Teses, Almedina Coimbra.

DUFOURCQ, Nicolas (1994), "Sécurité sociale: le mythe de l'assurance", *Droit Social*, 3, pp. 291-297.

DUPEYROUX, Jean-Jacques (1990), "Préface – Une ténébreuse affaire", *Droit Social – Les prélévements obligatoires en Europe, Vers une stratégie commune?*, Numéro special, 3, pp. 231-240.

DUPUIS, Jean-Marc (1995), "Les enjeux du financement de la protection sociale", *Droit Social*, 6, pp. 619-626.

DUVERGER, Maurice (1976), *Eléments de fiscalité,* Thémis, Presses Universitaires de France, Paris.

EUROPEAN COMMISSION/DIRECTORATE GENERAL FOR ECONOMIC AND FINANCIAL AFFAIRS, — (2006) *The impact of ageing on public expenditure: projections for the EU25 Member States on pensions, health care, long-term care, education and unemployment transfers (2004-2050)*, Special Report n.º 1/2006, Report prepared by the Economic Policy Committee and the European Commission (DG ECFIN).

— (2009) *The 2009 Ageing Report; Underlying Assumptions and Projection Methodologies,* European Economie 7, 2008 (provisional version).

EUZÉBY, Alain, — (1987), "Les cotisations sociales en France: problèmes et perspectives", *Droit Social*, 12, pp. 864-872.

— (1991), "La contribution sociale généralisée (CSG): justifications et perspectives", *Droit Social*, 7/8, pp. 644-650.

— (1994), "Les prélèvements obligatoires sont-ils excessives?", *Droit Social*, 4, pp. 319-326.

— (1996), *Financement de la protection social, efficacité économique et justice social,* Workshop "Reformar a Segurança Social, Porquê e Como?", 12 e 13 de Setembro de 1996.

— (2000), "L'allégement des cotisations sociales patronales: quels espoirs pour l'emploi?", *Droit Social*, 4, p. 368-374.

EWALD, François (1986), *L'État Providence,* Ed. Bernard Gasset, Paris.

FABRE, Jean-Marie (1990), "L'entreprise", *Droit Social – Les prélévements obligatoires en Europe, Vers une stratégie commune?,* Numéro special, 3, pp. 259-261.

FEIO, Diogo (2001), *A substituição fiscal e a retenção na fonte: o caso específico dos impostos sobre o rendimento,* Coimbra Editora.

FERNANDES, Teresa e Noémia Goulart (2009), "O novo Código dos Regimes Contributivos da Segurança Social", *Revista de Finanças Públicas e Direito Fiscal*, Ano II, 4, pp. 47-57.

FERREIRA, Rogério Fernandes (2000), "Suportar as reformas dos idosos", *Diário de Notícias*.

FERREIRA, Rogério M. Fernandes (1988), *Âmbito da reserva de lei tributária – As contribuições para a segurança social*, Polic., Universidade Católica Portuguesa.

FLOCHEL, Jean-Pierre (1995), *Quel financement pour les retraites? Chronos, répartition et capitalisation*, Editions de DJINNS.

FOUCAULD, Jean-Baptiste (1990), "Les incidences macro-économiques des prélèvements obligatoires", *Droit Social – Les prélévements obligatoires en Europe, Vers une stratégie commune?*, Numéro special, 3, pp. 278-282.

FRANCO, António L. de Sousa (1991), *Finanças do Sector Público – Introdução aos Subsectores institucionais*, A.A.F.D.L..

FRANK, Robert H. (2006), "The other Milton Friedman: a Conservative with a Social Welfare Program", *The New York Times*, versão on-line. Disponível em: http://www.nytimes.com/2006/11/23/business/23scene.html. [último acesso: 03.07.2010].

FRIEDMAN, Milton (1962), *Capitalism and Freedom*, University of Chicago Press.

FRANCO, António Luciano de Sousa (1991), *Finanças do Sector Público – Introdução aos Subsectores Institucionais*, AAFDL.

GOMES, Nuno Sá (1984), — *Lições de Direito Fiscal*, Faculdade de Direito de Lisboa (polic.).

— (1991), *Teoria Geral dos Benefícios Fiscais*, Cadernos de Ciência e Técnica Fiscal, 165, Lisboa.

— (1993), *Estudos sobre a segurança jurídica na tributação e as garantias dos contribuintes*, Cadernos de Ciência e Técnica Fiscal, 169, Lisboa.

GOUVÊA, Marcus de Freitas (2006), *A extrafiscalidade no Direito Tributário*, Del Rey, Belo Horizonte.

GRAND, Bernard, "Le niveau des prélèvements obligatoires dans les pays de la Communauté", *Droit Social – Les prélévements obligatoires en Europe, Vers une stratégie commune?*, Numéro special, 3, pp. 247-251.

GREEN, Christopher (1967), *Negative Taxes and the Poverty Problem*, Brookings Institution, Washington.

HANNOUN, Hervé (2009), *Long-term sustainability versus short-term stimulus: is there a trade-off?*, Speech in the 44th SEACEN Governors' Conference "Preserving Monetary and Financial Stability in the New Global Financial Environment" Kuala Lumpur, 7 February 2009, Bank for International Settlements. Disponível em: http://www.bis.org/speeches/sp090213.pdf . [último acesso: 12.07.2010].

HAVEMAN, Robert (1994), "Should Generational Accounting Replace Public Budgets and Deficits?", *Journal of Economic Perspectives*, Vol. 8, 1, pp. 95-111.
HAZLITT, Henry (2006), *The fallacies of the negative income tax*, Ludwig von Mises Institute. Disponível em: http://mises.org/daily/2406. [último acesso: 03.07.2010].
HECLO, Hugh (1986), "The political foundations of antipoverty policy", S. Danziger and D. Weinberg, eds. *Fighting Poverty: What Works and What Doesn't*. Harvard University Press, Cambridge, pp. 312 ss..
HELLER, Peter S, — (2003), *Who will pay? – Coping with Aging Societies, Climete Change, and Other Long-Term Fiscal Challenges*, International Monetary Fund.
— (2005), "Understanding Fiscal Space", IMF Policy Discussion Paper, PDP/05/4, International Monetary Fund. Disponível em: http://mulkiye.byethost13.com/web_documents/imfpaperfiscalspace.pdf. [último acesso: 12.07.2010].
HIMES, Susan M. e David C. Lubick (1997), The process of designing and implementing tax reform", *Interactions of social security and tax systems*, ISSA, OECD, Social Security Documentation, European Series, n.º 25, Geneva, pp. 73-97.
HUBERT, Patrick (1991), "Sur la notion de cotisation sociale", *Droit Social*, 2, pp. 140-146.
JOINT-LAMBERT, Marie Therèse (1995), "Les "nouveaux risques" ", *Droit Social*, 9/10, pp. 779 ss.
JOUYET, Jean-Pierre (1990), "Le poids des prélévements sur le développement des enterprises", *Droit Social – Les prélévements obligatoires en Europe, Vers une stratégie commune?*, Numéro special, 3, pp. 275-277.
KERVASDOUÉ, Jean de (1990), "Le bénéficiaire – l'exemple des dépenses de santé: financement collectif ou individuel?", *Droit Social – Les prélévements obligatoires en Europe, Vers une stratégie commune?*, Numéro special, 3, pp. 262-264.
KREPS, Juanita M. (1967), *Negative outlook for the negative income tax*. Disponível em: http://ageconsearch.umn.edu/bitstream/17579/1/ar670103.pdf. [último acesso: 03.07.2010].
LAGRAVE, Michel (1996), "Assurance et solidarité dans la Sécurité sociale", *droit Social*, 5, pp. 502-505.
LAMPMAN, R. (1965), "Approaches to the Reduction of Poverty", *American Economic Review*, 55, pp. 521–529.
LANGENDONCK, Jef Van (2000), "La cotisation patronale et l'évolution des formes du travail", *Revue belge de Sécurité sociale*, pp. 3-19.
LANGENDONCK, Jef Van *et aliud* (1997), "Harmonisation des regimes des travailleurs, des independants et fonctionnaires: une étude du droit comparé", *Revue belge de Sécurité sociale*, 3-4, pp. 743-790.

LEIBFRITZ, Willi (1990), "L´exemple d´un État fédéral", *Droit Social – Les prélévements obligatoires en Europe, Vers une stratégie commune?*, Numéro special, 3, pp. 255-258.

LEITÃO, Luís Menezes (2009), "O regime dos trabalhadores por conta de outrem", *Revista de Finanças Públicas e Direito Fiscal*, Ano II, 4, pp. 77-85.

LEITE, Luís Ferreira (2002), *Curso de Direito Sancionatório da Segurança Social – A regularização da dívida à segurança social*, Almedina, Coimbra.

LENOIR, René (1990), "Avant propos", *Droit Social – Les prélévements obligatoires en Europe, Vers uns stratégie commune?*, Numéro special, 3, p. 241.

LIMA, Maria Ednalva (2004), *Interpretação e direito tributário – O processo de construção da regra-matriz de incidência e da decorrente norma individual e concreta*, Editora Forense, Rio de Janeiro.

MAGALHÃES, Maria da Graça e João Peixoto (2006), "As Projecções Demográficas a Médio e Longo Prazo", *Cadernos Sociedade e Trabalho – Confrontar a Transformação Demográfica: uma Nova Solidariedade entre Gerações*, 6, MTSS/DGEEP, Lisboa, pp. 13-24.

MAIA, Fernando, — (1997a), *A evolução das taxas contributivas para a segurança social*, Comissão do Livro Branco da Segurança Social (polic.).

— (1997b), *O "plafonamento" contributivo na Segurança Social*, polic.

MAIA, Fernando (sem data), *Financiamento dos Sistemas de Segurança Social – Necessidade de um modelo racionalizado*, polic.

MARQUES, Fernando (2006), "As Reformas da Segurança Social na EU", *Cadernos Sociedade e Trabalho – Protecção Social*, 7, MTSS/DGEEP, Lisboa, pp. 93-103.

MARTINEZ, Soares (1993), *Direito Fiscal*, Almedina, Coimbra.

MARTINEZ SERRANO, Alicia (2001), "La tributación de los trabajadores en la Uniõn Europea", *Revista del Ministerio de Trabajo y Asuntos Sociales – Economís y Sociologia*, 31, pp. 37-53

MARTINS, Guilherme Waldemar d´Oliveira, — (2004), *A despesa fiscal e o Orçamento do Estado no ordenamento jurídico português*, Almedina, Coimbra.

— (2006), *Os Benefícios Fiscais: Sistema e Regime*, Cadernos do IDEFF, n.º 6, IDEFF – Almedina, Coimbra.

MATEUS, Filipe (2005), *A dívida das empresas à segurança social*, Vida Económica, Porto.

McGILLIVRAY, Warren, — (1997), "Administrative issues in the implementation of social security reforms", *Interactions of social security and tax systems*, ISSA, OECD, Social Security Documentation, European Series, n.º 25, Geneva, pp. 53-71.

— (2001), "L´évasion des cotisations: conséquences sur les regimes de pensions de la sécurité sociale", *Revue internationale de sécurité sociale*, Vol. 54, 2-3/2001, p. 3-26.

MENDES, Fernando Ribeiro (2005), *Conspiração grisalha – Segurança Social, Competitividade e Gerações,* Celta Editora, Oeiras.

MOFFIT, Robert A., — (2003), "The Negative Income Tax and the Evolution of U.S. Welfare Policy", Journal of Economic Perspectives, American Economic Association, vol. 17(3), pp. 119-140.

— (2004), *The idea of a negative income tax: past, present, and future.* Disponível: http://www.irp.wisc.edu/publications/focus/pdfs/foc232a.pdf. [último acesso: 03.07.2010].

LEAL, António da Silva, — (1980a), "O que é a Segurança Social?", *Temas de Segurança Social,* União das Mutualidades Portuguesas, Lisboa, 1998, pp. 45-48.

— (1980b), "A terminologia da Segurança Social", *Temas de Segurança Social,* União das Mutualidades Portuguesas, Lisboa, 1998, pp. 48-53.

— (1982), "As técnicas de segurança social", *Temas de Segurança Social,* União das Mutualidades Portuguesas, Lisboa, 1998, pp. 53-57.

MÉRIGOT, Jean-Guy (1949), "Élements d'une Théorie de la Parafiscalité", *Revue de Science et Legislation Financières.*

MIRANDA, Jorge (1988), *A competência legislativa no domínio dos impostos e as chamadas receitas parafiscais,* in Revista da Faculdade de Direito da Universidade de Lisboa, Vol. XXIX, pp. 9-24.

MOSCHETTI, Francesco *et aliud* (1993), *La capacità contributiva,* CEDAM.

NABAIS, José Casalta, — (1998), *O dever fundamental de pagar impostos,* Colecção Teses, Almedina, Coimbra.

— (2003), *Direito Fiscal,* 2.ª ed., Almedina, Coimbra.

NEVES, António Oliveira das (2006), "Apresentação", *Cadernos Sociedade e Trabalho – Confrontar a Transformação Demográfica: uma Nova Solidariedade entre Gerações,* MTSS/DGEEP, Lisboa, pp. 1-3.

NEVES, Ilídio, — (1996), *Direito da Segurança Social – Princípios Fundamentais numa Análise Prospectiva,* Coimbra Editora.

— (1998), *Crise e reforma da Segurança Social, Equívocos e Realidades,* Ed. Chambel, Queluz.

— (2003), *Lei de Bases da Segurança Social (Comentada e Anotada),* Coimbra Editora.

NOBRE JÚNIOR, Edilson Pereira (2001), *Princípio Constitucional da Capacidade Contributiva,* Sérgio António Fabris Editor, Porto Alegre.

OCDE, (1990), "Contributions patronales ou contributions salariales à la Sécurité sociale: l'incidence sur l'émploi", *Problèmes Économiques,* n.º 2208, 1991, p. 15-22.

OECD, — (2002), *A Longer-Term Orientation to the Budget Process,* Public Management Committee, Paris.

— (2004), *OECD Economic Survey of Portugal 2004: Ageing-Related Pressures on Public Finances*. Disponível em: http://www.oecd.org/dataoecd/23/26/33722298.pdf. [último acesso: 03.07.2010].

— (2007), *Pension Reforms – Early birds and laggards*. Disponível em: http://www.oecd.org/dataoecd/17/38/38731173.pdf. [último acesso: 03.07.2010].

— (2008), *OECD Review of Budgeting in Portugal*.

— (2010), *Restoring Fiscal Sustainability: Lessons for the Public Sector*, Public Governance Committee.

PADOAN, Pier Carlo (2009), "Fiscal Policy in the Crisis: Impact, Sustainability, and Long-Term Implications", ADBI Working Paper Series, n.º 178.

PELLET, Remi, — (1995), "Les clairs-obscurs comptables et financiers de la réforme de la Sécurité sociale (la loi n.º 94-637 du 25 juillet 1994), *Droit Social*, 1, pp. 76-84

— (1995) "Étatisation, fiscalisation et budgétisation de la Sécurité sociale", *Droit Social*, 3, p. 296-305.

PEREIRA, Manuel H. de Freitas (2000), "Relações entre a tributação dos rendimentos do trabalho dependente e as contribuições para a Segurança Social – A experiência portuguesa", *Tributação do Trabalho Dependente – Relação com as Contribuições para a Segurança Social*, Glória Teixeira (coord.), Vida Económica, Porto, pp. 9-31.

PIZOLIO, Reinaldo (2006), *Competência tributária e conceitos constitucionais*, Editora Quartier Latin do Brasil, S. Paulo.

PLASMAN, Robert e Marc Stocker (1999), "Une réforme des prélèvements de cotisations patronales pour inciter au partage du travail", *Revue belge de Sécurité sociale*, pp. 264-286.

PLEIJSIER, Arthur (2000), "O efeito de uma abordagem conjunta do IRS e das contribuições para a segurança social – A perspectiva holandesa", *Tributação do Trabalho Dependente – Relação com as Contribuições para a Segurança Social*, Glória Teixeira (coord.), Vida Económica, Porto, pp. 73-92.

PRÉTOT, Xavier, — (1991), "La conformité à la Constitution de la loi instituant la contribution sociale généralisée", *Droit Social*, 4, pp. 338-342.

— (1993), "La notion de cotisation de Sécurité sociale", *Droit Social*, 6, pp. 516-527.

— (1996), "Le Parlement el le financement de la Sécurité sociale – À propôs des lois de financement de la Sécurité social, *Droit Social*, 9/10, pp. 762-768.

PROFISS, — (1999), *Relação Jurídica de Contencioso*, PROFISS.

— (1999), *Relação Jurídica de Responsabilidade*, PROFISS.

QUARESMA, Maria de Lourdes (2006), "A evolução das aspirações e necessidades da população envelhecida – novas perspectivas de actuação e intervenção",

Cadernos Sociedade e Trabalho – Protecção Social, 7, MTSS/DGEEP, Lisboa, pp. 179-198.

RAMALHO, Maria do Rosário Palma (2009), "O Código dos Regimes Contributivos da Segurança Social, algumas notas", *Revista de Finanças Públicas e Direito Fiscal,* Ano II, 4, pp. 59-75.

REISCHAUER, Robert D. (2009), *Addressing the Nation's Contradictory Fiscal Challenges,* Statement in the Committee on the Budget United States Senate January 21.

RELATÓRIO DO GRUPO DE TRABALHO criado por despacho de 1 de Maio de 2005 do Ministro de Estado e das Finanças (2005), *Reavaliação dos Benefícios Fiscais,* Cadernos de Ciência e Técnica Fiscal, 198, Lisboa.

RÉMY, Véronique, "Les politiques d'allégements de cotisations sociales employeurs?", *Travail et Emploi,* 105, pp. 69-83.

RODRIGUES, Pedro G. e Alfredo Marvão Pereira (2007), *A reforma das pensões em Portugal – Uma análise de equilíbrio geral dinâmico,* Fundação Luso-Americana, Lisboa.

RODRIGUES, Walter Piva (2004), *Substituição tributária,* Editora Quartier Latin do Brasil, São Paulo.

ROSS, Stanford (1997), "Common issues of social security and taxation systems", *Interactions of social security and tax systems,* ISSA, OECD, Social Security Documentation, European Series, n.º 25, Geneva, pp. 9-27.

ROSS, Stanford e Warren R. McGillivray (1997), "Introduction", *Interactions of social security and tax systems,* ISSA, OECD, Social Security Documentation, European Series, n.º 25, Geneva, pp. 1-7.

SAINT-JOURS, Yves (1996), "Les retraites supplémentaires par capitalisation: côte pile et côte face", *Droit Social,* 6, pp. 627-633.

SANCHES, J.L. Saldanha (2001), *Manual de Direito Fiscal,* 2.ª ed., Coimbra Editora, 2002.

SANTOS, António Carlos dos (2003), *Auxílios de Estado e fiscalidade,* Almedina, Coimbra, pp. 319-328.

SANTOS, Jorge Costa (2000), "O Enquadramento do Orçamento da Segurança Social", *Seminário "Direito da Segurança Social",* Tribunal de Contas, pp. 9-142.

SANTOS, José Gomes (1992), "Contribuições patronais para a segurança social: racionalidade, efeitos e propostas de mudança. Uma aproximação teórica à questão", *Ciência e Técnica Fiscal,* n.º 368.

SANTOS, José Gomes e Carla Rodrigues (2006), "A fiscalidade enquanto instrumento de protecção social – avaliação de resultados no caso do Imposto Pessoal sobre o Rendimento", *Cadernos Sociedade e Trabalho – Protecção Social,* 7, MTSS/DGEEP, Lisboa, pp. 105-118.

SAVATIER, Jean (2000), "La création ou la préservation d'emplois, condition de l'allègement des cotisations sociales dans la loi du 19 janvier 2000", *Droit Social*, 5, pp. 478-484.

SCHMÄL, W. (1988), *The financing of social protection*, European Seminar CRESGE/EEC, The future of social protection in Europe – Views and Prospects on Horizon 1992.

SCRIVENER, Christiane (1990), "Vers une stratégie européenne en matière de prélèvements obligatoires", *Droit Social – Les prélèvements obligatoires en Europe, Vers une stratégie commune?*, Numéro special, 3, pp. 296-298.

SILVA, Carlos Pereira da (1996), *Algumas pistas de reflexão sobre o financiamento da segurança social no quadro do regime de repartição: os custos não previstos e o plafonamento*, polic.

SILVA, Germano Marques da (2009), "Notas breves sobre o regime sancionatório do Código dos Regimes Contributivos do Sistema Previdencial da Segurança Social", *Revista de Finanças Públicas e Direito Fiscal*, Ano II, 4, pp. 87-99.

SPILIMBERGO, Antonio, *et aliud* (2008), *Fiscal Policy for the Crisis*, IMF Staf Position Note, SPN/08/01. Disponível em: http://www.catalogue.polytechnique.fr/site.php?id=334&fileid=2295. [último acesso: 12.07.2010].

SMEDMARK, Göran e Yvonne Svenström (1997), "The Swedish contributions collection system", *Interactions of social security and tax systems*, ISSA, OECD, Social Security Documentation, European Series, n.º 25, Geneva, pp. 101-112.

SPAETH, Jean-Marie (1994), "Quel avenir pour la solidarité?", *Droit Social*, 12, pp. 1016-1017.

STANOVIK, Tine (2004), "Le respect des règles en matière de cotisations dans les pays d'Europe centrale et orientale: quelques questions pertinentes", *Revue internationale de sécurité sociale*, Vol. 57, 4/2004, p. 59-76.

THE WORLD BANK (1994), *Averting the Old Age Crisis – Policies to Protect the Old and Promote Growth*, The World Bank, Oxford University Press.

TIPKE, Klaus e Douglas Yamashita (2002), *Justiça Fiscal e Princípio da Capacidade Contributiva*, Malheiros Editores.

TULLOCK, Gordon (1984), *Economics of Income Redistribution*, Kluwer/Nijhoff Publishing, London.

VASQUES, Sérgio (1999), — *Os Impostos do Pecado – o Álcool, o Tabaco, o Jogo e o Fisco*, Almedina, Coimbra.

— (2008a), *O Princípio da Equivalência como critério de Igualdade Tributária*, Colecção Teses, Almedina, Coimbra.

— (2008b), *Regime das Taxas Locais – Introdução e Comentário*, Cadernos do IDEFF, n.º 8, IDEFF – Almedina, Coimbra.

VIGNON, M. Jerôme (2006), "Uma Nova Solidariedade entre Gerações Face às Mutações Demográficas", *Cadernos Sociedade e Trabalho – Confrontar a Transformação Demográfica: uma Nova Solidariedade entre Gerações,* 6, MTSS/DGEEP, Lisboa, pp. 5-11.

WIKSELL, Knut (1896), "A New Principal of a Just Taxation", Richard A. Musgrave e Alan T. Peacock eds. *Classics in the Theory of Public Finance,* International Economic Association, St. Martin´s Press, 1958, p. 72 ss..

WILLIAMS, David, — (1997), "Legal and institutional aspects of social security and taxations reforms", *Interactions of social security and tax systems,* ISSA, OECD, Social Security Documentation, European Series, n.º 25, Geneva, pp. 29-51.

— (2000), "IRS e contribuições para a segurança social: dois problemas ou apenas um?", *Tributação do Trabalho Dependente – Relação com as Contribuições para a Segurança Social,* Glória Teixeira (coord.), Vida Económica, Porto, pp. 33-72.

WITTEVEEN, Dirk (1990), "La réforme du prélèvement socio-fiscal aux Pays--Bas", *Droit Social – Les prélévements obligatoires en Europe, Vers une stratégie commune?,* Numéro special, 3, pp. 268-270.

XAVIER, Alberto, — (1973), *Direito Fiscal,* Faculdade de Direito de Lisboa (polic.).

— (1978), *Os princípios da legalidade e da tipicidade da tributação,* Editora Revista dos Tribunais, S. Paulo.

Jurisprudência

Acórdão do Tribunal Constitucional n.º 183/96 (Proc. n.º 438/92)
Acórdão do Tribunal Constitucional n.º 1203/96 (Procs. n.ºs. 270/90 e 1/92).
Acórdão do Tribunal Constitucional n.º 621/99 (Proc. n.º 1142/98)
Acórdão do Tribunal Constitucional n.º 491/04 (Processo n.º 308/01)
Acórdão do Tribunal Constitucional n.º 188/2009 (Proc. n.º 505/08)

ÍNDICE DE QUADROS E FIGURA

QUADROS:

I – Confronto entre as receitas provenientes das contribuições sociais e das transferências do OE (a preços correntes) 27
II – Desagregação da taxa contributiva global no Decreto-Lei n.º 200/99 .. 63
III – Desagregação da taxa contributiva global no Código Contributivo 63
IV – Requisitos das prestações sociais 113
V – Estrutura-tipo do articulado na legislação da segurança social (prestações imediatas) 115
VI – Estrutura-tipo do articulado na legislação da segurança social (pensões) 116
VII – Estrutura do CIRS, técnica do imposto e conteúdo da relação jurídica fiscal 120
VII – A estrutura do CC e as suas influências matriciais (tradição previdencial *versus* técnica fiscal) 124
IX – Novas regras aplicáveis aos membros dos órgãos estatutários das pessoas colectivas e entidades equiparadas 131
X – A BIC no regime geral dos TI 135
XI – Elementos de proximidade e de afastamento entre o procedimento e a técnica fiscais e o procedimento usado no CC 218
XII – Hipóteses académicas extremadas de evolução da Segurança Social portuguesa 230

FIGURA:

1 – Fases do procedimento fiscal: particularidades semânticas/instrumentos operativos 122

Índice

Prólogo 5

Capítulo I – Enquadramento das contribuições para a Segurança Social e sua definição 15

1. **Enquadramento económico-financeiro: as contribuições sociais como fonte de financiamento da Segurança Social** 17
   1.1. A idiossincrasia financeira da Segurança Social: consequências nos planos operacional e da metalinguagem 17
   1.2. O financiamento da Segurança Social: importância relativa das contribuições sociais e perspectivas de evolução (papel do princípio da adequação selectiva) 20
2. **Enquadramento histórico: as primeiras concepções sobre a natureza jurídica das contribuições para a Segurança Social** 30
   2.1. Nota prévia: a herança previdencial no nosso ordenamento jurídico 30
   2.2. A Segurança Social, exemplo histórico da parafiscalidade 32
   2.3. A estrutura bicéfala das contribuições sociais e dificuldades no plano da respectiva conceitualização 38
      2.3.1. Nota prévia: as contribuições sociais e o risco; da natureza de prémio de seguro à natureza tributária 38
      2.3.2. A estrutura bicéfala das contribuições sociais; proposta de análise 42
3. **Enquadramento jurídico: princípio da equivalência ou princípio da capacidade contributiva** 46
   3.1. As contribuições sociais como expressão do princípio da equivalência 46
   3.2. Desvios ao princípio da equivalência: apreciação 51
      3.2.1. Nota prévia 51
      3.2.2. Concessão à capacidade contributiva: as taxas contributivas incidem sobre rendimentos do trabalho que, enquanto tal, são manifestação de capacidade económica; as taxas contributivas são proporcionais aos rendimentos 52
      3.2.3. Outros desvios ao princípio da equivalência 61
4. **Considerações finais; proposta de definição das contribuições sociais** 61

CAPÍTULO II – ASPECTOS DE REGIME E TÉCNICAS EMPREGUES NA LEGISLAÇÃO CONTRIBUTIVA DA SEGURANÇA SOCIAL; AS NOVIDADES PRINCIPAIS DO CÓDIGO CONTRIBUTIVO 87
1. **Contribuições sociais e a concretização do princípio da legalidade fiscal** 89
   1.1. A situação até à década de oitenta 89
   1.2. A situação posterior; evolução doutrinária e jurisprudencial 90
   1.3. Género tributário e legalidade: dilemas actuais 97
2. **Técnicas empregues na legislação contributiva; apresentação do Código Contributivo** 107
   2.1. A técnica da segurança social e a técnica fiscal 107
      2.1.1. A técnica da segurança social 107
      2.1.2. A técnica do imposto e a sua transposição para as relações jurídicas de vinculação e contributiva da segurança social 118
   2.2. Apresentação do Código Contributivo: novidades principais 124
      2.2.1. Nota prévia 124
      2.2.2. O regime dos trabalhadores por conta de outrem 126
      2.2.3. O regime dos trabalhadores independentes 132
      2.2.4. O regime do seguro social voluntário 139

CAPÍTULO III – PERSPECTIVAS DE EVOLUÇÃO FUTURA NO DOMÍNIO DAS CONTRIBUIÇÕES SOCIAIS 141
1. **O alargamento da base de incidência contributiva e a tributação de outros factores para além do trabalho** 143
2. **Dos limites contributivos à adequação do esforço contributivo: a mudança de paradigma** 152
   2.1. Limites superiores contributivos e o reforço dos regimes complementares privados 152
   2.2. A adequação do esforço contributivo e o regime público de capitalização 161
      2.2.1. As mudanças de paradigma 161
      2.2.2. Objectivos e caracterização do regime público de capitalização; a natureza da taxa contributiva 181
3. **A via da integração do sistema (de cobrança) da segurança social no sistema (de cobrança) fiscal** 187
   3.1. Modalidades de integração: soluções a nível internacional 187
      3.1.1. Parâmetros e modalidades de integração 187
      3.1.2. O exemplo extremo de integração: o mecanismo do imposto sobre o rendimento negativo 193

3.1.3. Algumas soluções a nível internacional 205
3.2. Avaliação da situação portuguesa 215

Epílogo 225

Bibliografia 233

Jurisprudência 247

Índice de Quadros e Figura 249

Índice 251